O propósito de Deus para sua vida

Carolina de Quadros

O propósito de Deus para sua vida

SÃO PAULO, 2021

O propósito de Deus para sua vida
Copyright © 2021 by Carolina de Quadros
Copyright © 2021 by Novo Século Ltda.

EDITOR: Luiz Vasconcelos
ASSISTÊNCIA EDITORIAL: Tamiris Sene
PREPARAÇÃO: Tamiris Sene
REVISÃO: Tássia Carvalho
DIAGRAMAÇÃO: Manu Dourado
CAPA: Kelson Spalato

Texto de acordo com as normas do Novo Acordo Ortográfico da Língua Portuguesa (1990), em vigor desde 1o de janeiro de 2009.

Dados Internacionais de Catalogação na Publicação (cip)
Angélica Ilacqua CRB-8/7057

Quadros, Carolina de
  O propósito de Deus para sua vida : uma nova vida segundo o coração de Deus / Carolina de Quadros. -- Barueri, SP : Ágape, 2021.
  144 p.

ISBN

1. Vida cristã 2. Autoconhecimento 3. Busca de Deus I. Título

21-0059   CDD 248.4

Índice para catálogo sistemático:
1. Vida cristã : Autoajuda

uma marca do grupo novo século

Alameda Araguaia, 2190 – Bloco A – 11º andar – Conjunto 1111
CEP 06455-000 – Alphaville Industrial, Barueri – SP – Brasil
Tel.: (11) 3699-7107 | E-mail: atendimento@gruponovoseculo.com.br
www.gruponovoseculo.com.br

AGRADECIMENTOS

Deus, graças te dou porque estás cumprindo os teus planos em minha vida. Sou grata a Ti porque eu sempre soube que minha grande missão nesta jornada era escrever, mas por muitos anos estive longe dos Teus planos, porque eu não dava o primeiro passo em direção a Tua vontade soberana.

Agradeço a minha família, que sempre, em todo tempo, acreditou em mim e em cada um dos meus sonhos. Isso inclui meu marido, Sandro, meu protetor e encorajador, meus filhos, Gabriel e Francisco, pelo amor depositado em mim desde que nasceram, e minha nora, Luíza, que me motiva a crescer. Incluo também as minhas irmãs, Raquel e Luciana, que excluir sempre estão ao meu lado torcendo por mim e vibrando com meus voos de águia, e incluo também os meus pais, que me criaram para vencer. Agradeço a minha irmã em Cristo, Fabiana, por estar me ensinando coisas profundas sobre Deus desde que a conheci.

Agradeço a todos que, de alguma forma, apresentaram Jesus para mim.

Agradeço ao meu Ministério Mulheres com Propósito, pois cada mulher ali presente é exemplo de fé e inspiração para este livro.

Agradeço ao meu tio, Sebastião Leão, pelas revisões periódicas e ajustes em minhas asas para que elas voem mais alto.

Agradeço antecipadamente a cada pessoa que abrirá este livro. Vocês são aqueles que me darão confiança para prosseguir.

Sumário

Prefácio 9
Capítulo 1 | A decisão de buscar o propósito de Deus 11
Capítulo 2 | Carta para Deus 21
Capítulo 3 | Dons do espírito e propósito 26
Capítulo 4 | Como as pessoas me veem 45
Capítulo 5 | O poder da gratidão 51
Capítulo 6 | O poder do louvor 56
Capítulo 7 | Passando tempo a sós com Deus 60
Capítulo 8 | Orando de propósito 68
Capítulo 9 | Jejuando de propósito 74
Capítulo 10 | Vivendo seu propósito 80
Capítulo 11 | Mulheres com propósito 86
Capítulo 12 | Vivendo uma vida com Deus de propósito 114
Capítulo 13 | Orações com propósito 119
Conclusão 141
Referências 143

PREFÁCIO

Quando a Carolina me pediu para escrever o prefácio de **O propósito de Deus para sua vida**, fiquei muito feliz por inúmeras razões. A mais importante é que a considero extraordinária. Sou tio da Carolina, mas temos praticamente a mesma idade. Quando crianças, no ano de 1988, começamos a escrever cartas um para o outro. Nessas cartas falávamos de tudo, mas principalmente falávamos de fé e do amor de Deus. As cartas que recebi dela fortaleceram a minha fé e certamente contribuíram para que eu me tornasse uma pessoa melhor. Durante os meses em que li os capítulos deste livro, fiquei concentrado, pois a obra me conduziu à presença de Deus e o mais importante: fez-me permanecer na presença de Deus. Quando falo que fiquei concentrado ou hipnotizado, não me refiro somente aos escritos, mas ao carisma e à profundidade do conhecimento da Carolina ao nos conduzir até Deus. Foi estimulante ser conduzido a escrever para Deus, pois no final da leitura eu comecei a escrever minhas próprias linhas para Ele, o Pai. **O propósito de Deus para sua vida** é uma maravilhosa experiência que vai te manter alinhado, vai te manter escrevendo com propósito para Deus.

A Carolina usa técnicas e metáforas. E ela não está usando fantasias, mas sim um conjunto prático de meios para que qualquer pessoa consiga, de forma eficiente e através da Fé em Deus, sucesso no mundo real, visto que sucesso é o cumprimento do propósito de vida de cada um. O hábito de escrever para Deus é uma poderosa ferramenta de autoconhecimento e, certamente, traz resultados impactantes.

A primeira razão para eu estar feliz em escrever este prefácio é que tenho imensa admiração pela autora. A segunda razão que me faz estar muito empolgado é que o livro trará todos os passos para uma verdadeira transformação humana pela sua profundidade e amplitude de pensamento. Ele é muito mais do que uma pregação religiosa. Acredito que este livro tem a capacidade de religar você a Deus completamente de propósito.

Os pensamentos, as orações da autora e as metas propostas através deste livro são parte imprescindível para atender a qualquer necessidade humana de autoconhecimento, para cumprir metas pessoais que você almeja ou obter superioridade pessoal através de uma vida completa.

Tenha fé de que você vai obter deste livro algo maior, superior com a relação individual com Deus. Leia o livro até o fim, faça as atividades propostas, faça as orações, para que, utilizando destes escritos da Carolina, você possa também escrever para Deus.

CAPÍTULO 1
A decisão de buscar o propósito de Deus

O que é propósito? No dicionário ele é descrito como: aquilo que se busca alcançar, projeto ou desígnio. Em sua vida, qual é a relevância dessa palavra? Pense a respeito. Não temos como buscar algo que não conhecemos, então vamos falar de propósito antes de te ensinar a buscar o seu.

O propósito de uma vida é dirigido por duas veias principais: a visão e a missão, e é importante entender cada uma delas para buscar uma vida verdadeira, com relevância.

A visão é sua jornada dia após dia, é visualizar sua vida nos próximos quinze ou vinte anos, por exemplo, como você se vê lá na frente? Existe um exemplo que cabe muito bem no entendimento da visão. Imagine os soldados sendo chamados para a guerra e indo lutar com dedicação, para sobreviver ou morrer. Pense a respeito, você iria sem medo? Garanto que iria, se a visão de um futuro de paz fosse exposta a você, a liberdade de seus filhos, seu país em paz por sua causa. Com visão as atitudes fazem sentido. É necessário ter visão de futuro, imaginar o que acontecerá em sua vida, saber que hoje temos que fazer escolhas que coincidam com o que queremos lá na frente.

Missão é tudo o que você precisa fazer dia após dia para que a visão se torne real. Para ter uma vida relevante, é necessário esforço. Seu sonho inclui um diploma? Se sim, sem estudo você não chegará lá. Seu sonho inclui uma medalha? Sem treino não há possibilidade de conquistar. Uma família é sua maior aspiração? Para isso é necessário ter sabedoria na escolha de alguém que esteja com você nesta jornada. Para toda missão existe experimento e também experiência. Não há como ser experiente em algo sem tentativas, erros e acertos.

Não terceirize seu propósito, ele é seu, somente seu e ninguém poderá buscá-lo por você.

Existem estudos que indicam que, no nascimento, uma ideia central permanente foi instalada em cada pessoa e toda a sua vida gira em torno dela. A ideia central permanente (ICP) é como uma estrada que chega ao destino certo; quando a rota é mudada, não chega ao lugar certo e resulta em uma vida vazia, mesmo sendo ocupada demais.

As pessoas que identificam a ICP e seguem a estrada certa são aquelas que mudam a história, se destacam ou simplesmente são felizes. A felicidade está em cada curva, em cada parte da estrada, nas paradas para ver o sol e sentir o cheiro da chuva. Se você estiver alinhado à sua ICP, tudo será belo e especial, mesmo nas dificuldades. Uma vida que não está alinhada à ICP demonstra desânimo, tristeza e vazio. A pior escolha que você pode fazer é trabalhar no que sabe que não é o seu propósito, mas fica ali porque teve algum resultado, não disse 'não' para propostas que não tinham nada a ver com sua ICP e simplesmente foi ficando enraizado em uma vida medíocre porque se acomodou.

Você não é escravo do medo, não permita que ele te aprisione para sempre.

As linhas acima podem te incomodar e instigar a pensar sobre sua vida, pois, quando nos perdemos de nós mesmos, perdemos tudo. Se você se entristece com a felicidade de outra pessoa é porque você não sabe quem você é. Não ignore sua vida, não a coloque nas mãos dos outros, não seja submisso às suas emoções ou traumas, não limite o poder de Deus porque você se perdeu da sua fé. Não deixe de viver e de buscar sua identidade, porque certamente o arrependimento virá, em breve ou não, ele virá.

Todos nascemos com um propósito. Não há uma vida na Terra que nasceu ao acaso, Deus planejou todos os detalhes e todas as jornadas, do começo ao fim. O desafio é descobrir qual é a nossa missão, qual é o propósito de Deus para cada um de nós.

Quanto antes descobrirmos para que nascemos, mais felizes seremos e menos teremos que esperar a sexta-feira chegar, ou o feriado, ou as férias, porque, quando uma pessoa está no centro da vontade de Deus, ela exala felicidade. Obviamente, teremos lutas, muitas lutas, pedras no caminho e problemas não serão excluídos automaticamente de nossa vida, mas a forma como lidamos com as dificuldades muda totalmente. Quem conhece seu caminho não teme o dia mau, apenas o vive e sabe que Deus trará dias melhores.

A paz que excede o entendimento habita em quem vive o propósito de Deus para sua vida.

Entenda que querer saber o seu propósito de vida, ou o plano de Deus para a sua vida, é uma decisão apenas sua, ninguém poderá fazer isso por você. A nossa vida se resume às decisões que tomamos, simples assim, poderoso assim.

Se eu ficasse apenas reclamando da vida, do meu trabalho e de problemas que me cercam, jamais escreveria estas linhas, mesmo que escrever seja um sonho de infância, porque precisei decidir criar, precisei sair do lugar e começar, precisei parar de procrastinar e iniciar. Toda jornada começa com o primeiro passo, grave isso.

Quando você assume as rédeas da sua vida, quando você decide ser o protagonista da sua história, tudo muda de lugar porque as reviravoltas moram nas decisões. Se até hoje você não viu grandes mudanças ou resultados mesmo querendo muito ter conquistas, prepare-se para ver isso a partir de agora, a partir do exato momento em que decidiu descobrir o motivo pelo qual você nasceu.

Se a busca do seu propósito de vida parte de uma decisão e você decidiu buscar isso a partir de agora, por onde começar? O primeiro passo para viver o seu propósito é desenvolver intimidade com o Pai, buscar isso acima de tudo na vida. Quando você tem intimidade com Deus, você aprende a perceber quando está no caminho certo, você sente paz quando está fazendo a coisa certa, mesmo que esteja muito cansado. A partir do momento em que você acordar, busque a Deus em primeiro lugar, antes de tomar café ou usar o celular, ajoelhe-se e consagre a sua vida ao Senhor e peça que tudo que lhe acontecer nas próximas vinte e quatro horas seja para honra e glória Dele. A partir desse passo você verá mudanças diárias em sua vida, eu garanto.

Muitos são os planos no coração do homem, mas o que prevalece é o propósito do Senhor.
Provérbios 19:21

O próximo passo é descobrir seus dons, descobrir o que você faz de melhor sem pensar muito, aquilo que você domina e ama, o que preenche seu coração de uma sensação de plenitude. Todos temos talentos natos, mas muitas vezes não paramos para pensar nisso. A Palavra de Deus é clara quanto à importância dos dons, Paulo cita na primeira carta aos Coríntios: **"acerca dos dons espirituais, não quero, irmãos, que sejais ignorantes"**. 1 Coríntios 12:1.

Ou seja, devemos buscar saber quais são os nossos dons, isso é primordial e exige esforço. Se eu busco a plenitude em minha vida, devo entender que isso tem um preço. Existem renúncias a fazer, renúncias importantes e sábias que devem ser feitas para alcançar a realização pessoal. Uma delas é a renúncia ao tempo de ócio. Muitas pessoas passam horas por dia nas redes sociais ou vendo televisão, ou simplesmente não fazendo nada. Entenda: a busca do seu propósito é urgente, não há tempo a perder.

Quando você parou um pouco para pensar sobre você, sua vida e os motivos pelos quais está onde está, já moldou em seu cérebro uma busca por respostas, e a melhor pergunta a fazer agora é: quem é você? Já se perguntou isso? Se você pudesse se definir em uma frase, qual seria? Questione-se! Além de se perguntar quem é você, pergunte-se também: o que eu nasci para fazer? O que eu faço por amor? Qual é o talento que eu tenho que todos que cruzam meu caminho notam? As respostas dessas perguntas já te mostrarão muitas coisas. Escreva a seguir, não se perca mais de você.

Quem sou eu?

_____
_____
_____
_____
_____

Se eu pudesse me definir em uma frase, qual seria?

_____
_____
_____
_____
_____

O que eu nasci para fazer?

_____
_____
_____
_____
_____

O que eu faço por amor?

_____
_____
_____
_____
_____

Qual é o talento que eu tenho que todos que cruzam o meu caminho notam?

_____
_____
_____
_____
_____

Qual é a visão da minha vida?

_____
_____
_____
_____
_____

Qual é a minha missão?

_____
_____
_____
_____
_____

Aonde quero chegar?

_____
_____
_____
_____
_____

O que precisarei fazer para chegar ao destino certo?

_____
_____
_____
_____
_____

DECIDA AVANÇAR!

No dicionário, a palavra decisão tem a sinonímia determinação, ou seja, quando você decide fazer algo, você determina isso na sua vida. Decida saber o motivo pelo qual Deus te trouxe a essa linda jornada chamada vida, esforce-se para isso e espere um novo significado para tudo que você tocar. A partir do momento em que você decide viver plenamente, você abre a porta da sua verdadeira vida, aquela que Deus planejou para você. Não há tempo a perder!

> "Eu pensava que nós seguíamos caminhos já feitos, mas parece que não os há. O nosso ir faz o caminho". C. S Lewis

Após tomar a decisão de avançar em direção à sua verdadeira vida, aquela que Deus sonhou para você, sua ocupação será consigo e com aqueles que estarão com você, não haverá tempo de pensar na vida alheia ou passar tempo demais sem fazer nada, isso não trará resultados e nem felicidade, e alguém que busca conhecer sua missão e saber quem é não tem tempo a perder.

Arranque da sua vida os maus hábitos, aqueles que você sabe que são prejudiciais, mas faz porque não vê motivos para parar, isso inclui vícios, estagnação, fofoca, más companhias, entre outros hábitos que são de cada um. Quando alguém toma a decisão de mudar, nasce dentro de si uma força poderosa que atuará com afinco na mente para obter os resultados sonhados.

Quais hábitos nocivos vou abandonar a partir de hoje?

_____
_____
_____
_____
_____
_____
_____
_____

Lembre-se: alguém que decidiu seguir o caminho certo, aquele que levará ao cumprimento da missão divina, precisa ser resiliente, sempre.

"Uma vida vibrante é uma vida cultivada de propósito".
Do livro Crescimento radical.

Assuma as rédeas da sua vida!

CAPÍTULO 2
Carta para Deus

Você já pensou em escrever para Deus? O fato de escrever ajuda a gravar palavras e a meditar nelas sempre que quiser. Meu conselho é: escreva de próprio punho uma carta para Deus, com suas palavras e com seus argumentos. Coloque data e releia pelo menos duas vezes por semana e verá como a carta ficará gravada em sua memória. Lembre-se de que esta carta é uma carta de filho para Pai, veja Deus como seu Pai, seu amigo, seu confidente. Ele é o único que pode te compreender plenamente.

Ao escrever para o seu Papai, o vínculo com Ele será aliançado e você passará a vê-lo verdadeiramente como Pai e amigo. Se até esse dia você não via Deus assim, você não está só. Muitas pessoas dizem crer em Deus, mas não se relacionam com Ele diariamente. Ao iniciar a escrita de cartas para o Pai, você entenderá que isso estará te religando a Ele de uma forma nunca vista. Experimente.

Para facilitar a escrita, vou dar um exemplo a seguir, mas é importante você escrever seus próprios sentimentos, use esta carta para base apenas.

> Meu Deus, eu decidi descobrir o motivo pelo qual o Senhor me criou. Ouvi muitas vezes que o Senhor não trabalha no acaso, e sim com propósito. Então, Pai, qual é

minha missão nesta terra? A partir de agora eu necessito ter certeza dessa missão para poder cumpri-la com excelência para honra e glória do teu nome!

Eu sou especial para Ti, Pai, eu nasci para fazer a diferença, eu não vou recuar! Eu não vou desistir de ter uma vida com propósito! Eu sei que essa busca me fará encontrar também a felicidade, porque ela mora na descoberta da jornada, ela habita nas curvas e passadas do caminho certo e eu buscarei o meu. Entendo perfeitamente que eu terei aflições, mas não temerei nada neste mundo, porque sei que Tu, Senhor, estás comigo!

Decidi não viver inutilmente! Não permita, Pai, que minha vida seja vivida sem amor, sem brilho, sem propósito!

Que minha existência seja relevante para muitas pessoas e que eu possa servi-las, porque servir é a ordem que Jesus nos deixou e nenhum propósito Seu desvia-se do servir.

Permita, Pai, que minha vida seja relevante, seja útil e seja especial para Ti! Não me deixe desviar da minha rota, mesmo que isso exija muito de mim, porque não há nada que possa valer mais a pena do que seguir os seus planos para mim. O Senhor me escolheu no ventre da minha mãe, não tenho dúvidas sobre isso.

Proteja-me, Pai, de todo o mal, guarda-me como a menina dos seus olhos hoje e sempre! Em nome de Jesus, amém!

Após a conclusão da carta, exercite o poder do acreditar. Imagine Deus abrindo a carta e lendo o seu conteúdo com atenção.

Lembre-se de que uma carta escrita e mentalizada tem um enorme poder para o cérebro, porque não remete à dúvida. Quando você escreve uma carta, automaticamente imagina o destinatário abrindo e lendo o conteúdo, imagina a sua reação, se ele sorriu ao ler, ou derramou uma lágrima, você pode sentir o que ele sentiu abrindo e lendo e isso é poderoso demais. O poder do "acreditar" é um dunamis. Quando o poder do Espírito Santo desceu em Atos 2:1-11 foi descrito como dunamis. No grego, a raiz da palavra dunamis é *dynamus*, que significa o poder explosivo do Espírito Santo. O ser humano tem nas mãos um poder tão grande sobre o que crê que é essencial conhecer essa força na busca de seu propósito.

"E, cumprindo-se o dia de Pentecostes, estavam todos reunidos no mesmo lugar; e de repente veio do céu um som, como de um vento veemente e impetuoso, e encheu toda a casa em que estavam assentados.
E foram vistas por eles línguas repartidas, como fogo, as quais pousaram sobre cada um deles.
E todos foram cheios do Espírito Santo, e começaram a falar noutras línguas, conforme o Espírito Santo lhes concedia que falassem.
E em Jerusalém estavam habitando judeus, homens religiosos, de todas as nações que estão debaixo do céu.
E, quando aquele som ocorreu, ajuntou-se uma multidão, e estava confusa, porque cada um os ouvia falar na sua própria língua.
E todos pasmavam e se maravilhavam, dizendo uns aos outros: pois quê! Não são galileus todos esses homens que estão falando? Como, pois, os ouvimos, cada um, na nossa própria língua em que somos nascidos?
Partos e medos, elamitas e os que habitam na Mesopotâmia, Judeia, Capadócia, Ponto e Asia, e Frígia e Panfília, Egito

e partes da Líbia, junto a Cirene, e forasteiros romanos, tanto judeus como prosélitos, Cretenses e árabes, todos nós temos ouvido em nossas próprias línguas falar das grandezas de Deus". Atos 2:1-11.

Imagine Deus lendo a carta que você enviou a Ele, imagine a sua reação e guarde essa sensação no fundo do seu coração. Essa será a primeira de muitas cartas escritas para Deus, como Pai, como amigo. A escrita deve se tornar um exercício para que o hábito de escrever para o seu Pai seja desenvolvido cada vez mais e, certamente, os resultados virão e a evolução acontecerá também no campo da oração. O objetivo principal da carta para Deus é desenvolver a intimidade com o Pai, a comunicação com Ele. Deus sempre quis que estivéssemos perto Dele, Ele demonstrou isso na sua Palavra muitas vezes, mas as pessoas se distraem com outras coisas e não priorizam o relacionamento com Deus. Sejamos sinceros, ao longo de vinte e quatro horas, quantas delas você dedica ao Senhor? Meditando em sua Palavra, conversando com Ele ou escrevendo para Ele? Muitas pessoas não têm o hábito de passar um tempo a sós com Deus, mas na hora do medo recorrem a Ele sem hesitar. Deus quer intimidade, Ele quer te conhecer, Ele quer que você fale, demonstre a Ele as suas inquietações, Ele quer saber o que se passa em sua vida, quer participar de suas escolhas e te ajudar a acertar mais e errar menos, mas para isso precisamos dar este espaço ao Pai, dar abertura para Ele agir em nossa vida e desenvolver um relacionamento diário com o Senhor. A primeira carta para Deus pode ajudá-lo nisso.

A cada ser humano são concedidas vinte e quatro horas diárias para aproveitá-las como bem entender, então a desculpa "não tenho tempo" não é verdadeira e não é relevante. Desperte! A vida não fica parada esperando sua preguiça passar.

Dê esse passo em direção ao Pai e veja o que Ele vai fazer!

Escreva sua carta para Deus.

_____
_____
_____
_____
_____
_____
_____
_____
_____
_____
_____
_____
_____
_____
_____
_____
_____
_____
_____
_____
_____
_____
_____

CAPÍTULO 3
Dons do espírito e propósito

A palavra dom no dicionário está descrita como virtude, aptidão ou dádiva. Essa palavra vem do grego e nessa língua dom e graça têm a mesma tradução, ou seja, o dom é algo dado de graça, pela graça de Deus para que os filhos de Deus contribuam para o avanço do reino do Senhor neste tempo e lugar. Dom pode também ser visto como um instrumento capaz de transformar a vida das pessoas. Vendo dessa forma, o dom não é resultado de mérito, e sim de "graça". Cada ser humano tem aptidões natas dadas por Deus. Algumas pessoas desenvolvem seus dons, outras os negam, mas Deus encoraja o ser humano a buscar seu dom. É importante lembrar que dom é diferente de talento, o dom é dado por Deus, e ele se desenvolve com facilidade, o talento pode ser desenvolvido mediante treino e habilidade. Nosso foco é o dom, porque ele vem de Deus, que não dá nada a ninguém por acaso. Todas as pessoas foram feitas para adorar a Deus, mas isso pode ser feito de diferentes formas e por esse motivo Deus dá diferentes dons a diferentes pessoas, para que a adoração seja completa e manifestada de muitas formas. Você deve conhecer o propósito dos dons e talentos que nos são dados por Deus. Esses presentes que são confiados às nossas mãos não são brinquedos, muito menos posses que obtivemos por algum mérito. Eles são ferramentas entregues em nossas mãos para ajudar na obra do reino de Deus em cada coração humano, que é o altar do Senhor.

Lembrete: a obra do reino de Deus é composta de vidas humanas adorando ao Pai verdadeiramente. Adoração feita em amor, em espírito e em verdade. Não estou falando em templos feitos por mãos humanas, estou falando em templos do Espírito Santo.

Vocês não sabem que são santuários de Deus e que o Espírito de Deus habita em vocês? Se alguém destruir o santuário de Deus, Deus o destruirá; pois o santuário de Deus, que são vocês, é sagrado. 1 Coríntios 3:16-17

> "Cada um exerça o dom que recebeu para servir aos outros, administrando fielmente a graça de Deus em suas múltiplas formas. Se alguém fala, faça-o como quem transmite a palavra de Deus. Se alguém serve, faça-o com a força que Deus provê, de forma que em todas as coisas Deus seja glorificado mediante Jesus Cristo, a quem sejam a glória e o poder para todo o sempre. Amém". I Pedro 4:10-11.

Aquele que quer descobrir e desenvolver o seu propósito nesta vida necessita conhecer a si mesmo e os seus dons. Todos nascemos com qualidades natas, dadas por Deus para coisas específicas. Leve a sua mente à infância, relembre momentos de alegria, onde você se sentiu especial, o que estava fazendo? Quando relembramos o passado, especificamente momentos de felicidade, normalmente isso está atrelado ao nosso propósito.

Não perca dados preciosos, escreva abaixo o que lembrar.

_____

_____

_____

_____

_____

Outro passo importante nessa busca é fazer a seguinte pergunta para alguém que conviveu com você ao longo da vida: em que eu sou bom? Em que eu me destaco das demais pessoas? Anote isso também nas linhas abaixo. Essas respostas te ajudarão de forma preciosa em sua busca, não deixe de anotar.

_____

_____

_____

_____

_____

A Palavra de Deus é clara em 1 Coríntios 12 sobre os dons espirituais, onde menciona: Acerca dos dons espirituais, não quero, irmãos, que sejais ignorantes.

Isso remete a não ficar na ignorância dos seus dons, pois eles estão intimamente alinhados com o objetivo central de sua vida nesta terra, neste tempo e local. A Palavra de Deus menciona, espiritualmente falando, sete dons diferentes dados pelo Espírito Santo a todos que não ficarem ignorantes quanto a eles. Você recebeu um dom especial de Deus para ser útil, o Senhor não faz nada ao acaso, Ele trabalha com propósitos e isso inclui a sua vida. Um dom não é dado para não ser utilizado, ele é concedido para que a pessoa seja útil na jornada de mais pessoas, porque Deus trabalha com relevância.

Uma vida sempre é relevante, desde que esteja alinhada com o motivo pelo qual nasceu.

OS DONS DO ESPÍRITO

Estudos separam os dons espirituais em dons de elocução, revelação e poder.

DONS ESPIRITUAIS		
Elocução	**Revelação**	**Poder**
Profecia	Sabedoria	Fé
Variedade de línguas	Ciência	Cura
Interpretação de línguas	Discernimento de espíritos	Operação de maravilhas

Fonte: autora (2020).

Os dons de elocução são manifestações sobrenaturais vindas de Deus, e não podem ser utilizadas de forma incorreta. Assim, devemos estudar esses dons com diligência, reverência e temor de Deus, para não sermos enganados pelas falsas manifestações.

Já os dons relacionados a revelação são dons que revelam os desígnios de Deus através da sabedoria. Esses dons são semelhantes a um quebra-cabeça. Quem possui os dons de revelação junta as peças e informações contidas na Bíblia e desvenda mistérios de Deus conforme Ele permitir. Muitos serão purificados, e embranquecidos, e provados; mas os ímpios procederão impiamente, e nenhum dos ímpios entenderá, mas os sábios entenderão. Daniel 12:10.

O versículo a seguir também demonstra muito bem os dons de revelação.

Clama a mim, e responder-te-ei, e anunciar-te-ei coisas grandes e firmes que não sabes. Jeremias 33:3

Os dons de poder são diretamente ligados ao sobrenatural de Deus, são aqueles para os quais a maioria das pessoas torce o nariz, e isso acontece porque existem pessoas que mentem e depreciam as ações do mundo sobrenatural, gerando desconfiança frente às coisas de Deus. Mas é muito importante saber que esses dons são tão reais quanto os outros e existem pessoas capazes de exercê-los. Eu prefiro imaginar um médico usando esse dom para trazer a cura através de suas mãos à ilusão de um objeto que promete cura mágica.

"Porque pela graça sois salvos, por meio da fé; e isto não vem de vós, é dom de Deus." Efésios 2:8.

Todos os dons, sem exceção, foram dados aos seres humanos para a glória de Deus.

DETALHAMENTO DOS DONS ESPIRITUAIS

Profecia: o dom da profecia é dado a pessoas que vão compreender os recados de Deus e repassá-los ao máximo de pessoas possível.

> "Certamente o SENHOR Soberano não faz coisa alguma sem revelar o seu plano aos seus servos, os profetas". Amós 3:7

Sabendo que Deus busca revelar-se aos seus filhos, vamos pensar nos profetas do Antigo Testamento. Quem foram eles? Que importância tiveram? Cumpriram seu propósito? Serão citados alguns nomes para que você reflita a respeito do dom da profecia e entenda o que esses homens tiveram que fazer para cumprir o seu propósito.

Samuel: profeta que nasceu em um dos períodos mais turbulentos da história do povo israelita. Os israelitas viviam sob constante opressão e ameaça da parte dos filisteus, e a nação encontrava-se em um terrível declínio espiritual. Samuel é o profeta que ungiu o primeiro Rei de Israel, Saul. Samuel foi usado por Deus com o dom da profecia desde criança e sempre foi obediente à voz de Deus. A palavra que o define é a obediência, porque ele não hesitava em fazer o que o Senhor mandava. O episódio da unção de Davi demonstra com clareza a importância de Samuel em Israel. Os anciãos de Belém tremiam diante de sua presença. Eles reconheciam a autoridade da parte do Senhor que estava sobre a vida de Samuel.

> "Fez, pois, Samuel o que dissera o Senhor, e veio a Belém; então os anciãos da cidade saíram ao encontro, tremendo, e disseram: De paz é a tua vinda?" 1 Samuel 16:4.

Samuel foi um homem que o Senhor levantou com o dom da profecia para que o povo voltasse novamente a Deus. Em todos os profetas observa-se um Pai falando com os filhos, clamando pela sua volta aos caminhos do Senhor, que são perfeitos e retos, que levam à salvação.

Elias: a Bíblia não fala muito sobre sua vida pessoal ou família, mas relata em detalhes seu propósito como profeta de Deus. Elias exerceu o dom da profecia em uma época na qual havia grande paganismo entre os israelitas, portanto, Elias profetizou em uma época muito difícil da história do povo de Israel. O rei Onri (885-874 a.C.) procurou estabelecer boas relações com as nações vizinhas. Ele casou seu filho, Acabe, com Jezabel, filha de Etbaal, rei dos sidônicos. Esse casal introduziu em Israel a adoração a demônios. Acabe se encarregou até de construir um templo para Baal (junção de quatro demônios, Belzebu, Astharoth, Asmodeo e Leviathan) em Samaria (1 Reis 16:32).

Nesse contexto totalmente contrário à vontade de Deus, contexto de idolatria e paganismo, Elias foi chamado para servir como porta-voz de Deus. Ele recebeu a responsabilidade de lembrar aos israelitas que eles eram o povo do Senhor. Imagine exercer esse dom frente à rebeldia do povo. Pense em como Elias se sentia tendo que falar o que Deus mandava. Ele quis morrer e fugir do seu propósito, mas, se tem algo que é impossível, é a fuga dos planos de Deus.

O ministério de Elias ganhou notoriedade em três importantes episódios:
- O aviso acerca da seca eminente e seu isolamento;
- A luta no Monte Carmelo onde enfrentou os profetas de Baal;
- Sua translação ao céu.

Elias foi até o fim, apesar de tudo, mesmo que esse dom lhe custasse tudo, porque não há nada mais importante do que o cumprimento do propósito de Deus para uma vida.

Daniel: foi um jovem israelita levado como escravo à Babilônia para servir o Rei Nabucodonosor. A palavra que define o profeta Daniel é sabedoria. Ele foi sábio em todo o tempo e soube interpretar os sinais de Deus em sonhos e palavras incompreensíveis.

> "Quanto a estes quatro jovens, Deus lhes deu o conhecimento e a inteligência em todas as letras, e sabedoria; mas a Daniel deu entendimento em toda a visão e sonhos". Daniel 1:17.

Daniel pagou um alto preço por ser obediente a Deus, sendo jogado na cova dos leões, mas o Senhor, a quem Daniel servia, permitiu que ele saísse ileso de lá, após uma noite inteira com leões famintos. O dom da profecia não é dado a qualquer um, isso é fato, esse dom é dado a pessoas que não desistem frente à pressão. Daniel foi uma pessoa íntegra e justa, temente a Deus acima de qualquer coisa. Ele nunca aceitou se corromper, por maior que fosse o tesouro que lhe oferecessem. Daniel era fiel a Deus mesmo que isso custasse sua vida. Ele também mostrou como é possível buscar ao Senhor, mesmo em uma terra estranha e mergulhada no paganismo.

Esses profetas citados provam que Deus quer se revelar a seus filhos, Deus clama em alta voz para que sua criação volte à sua vontade, boa, perfeita e agradável. A profecia também evidencia a rebeldia dos filhos de Deus, sempre tentando outros caminhos, que não levam ao Pai, por sua aguçada curiosidade. Dessa forma, satanás se aproveita dos desvios humanos para corromper e enganar o máximo de pessoas que conseguir.

VARIEDADE DE LÍNGUAS:

"E todos foram cheios do Espírito Santo, e começaram a falar noutras línguas, conforme o Espírito Santo lhes concedia que falassem.

E em Jerusalém estavam habitando judeus, homens religiosos de todas as nações que estão debaixo do céu.

E, quando aquele som ocorreu, ajuntou-se uma multidão e estava confusa, porque cada um os ouvia falar na sua própria língua.

E todos pasmavam e se maravilhavam, dizendo uns aos outros: pois quê! Não são galileus todos esses homens que estão falando? Como, pois, os ouvimos, cada um, na nossa própria língua em que somos nascidos?

Partos e medos, elamitas e os que habitam na Mesopotâmia, Judeia, Capadócia, Ponto e Asia, e Frígia e Panfília, Egito e partes da Líbia, junto a Cirene, e forasteiros romanos, tanto judeus como prosélitos, Cretenses e árabes, todos nós temos ouvido em nossas próprias línguas falar das grandezas de Deus". Atos 2:4-11.

O dom da variedade de línguas é o proclamar do evangelho de Jesus, em idiomas diferentes, como foi feito no dia de pentecostes para todos que ali estavam entenderem em sua própria língua. Esse dom é para edificar aqueles que ainda não conhecem a Cristo.

É importante salientar que em 2019 sabia-se que um número próximo a três bilhões de pessoas não conheciam Jesus e nem a Bíblia, então esse dom de variedade de línguas existe para isso, há muito a fazer.

Interpretação de Línguas: há quem profetize e deve haver quem interprete. Existem pessoas que possuem esse dom para falar e também para interpretar as escrituras em diferentes idiomas. Fala-se em dom e não em aprendizado, algo que Deus dá. A pessoa que se entrega à vontade de Deus e se esforça para desenvolver o dom de interpretação de línguas com certeza vive experiências extraordinárias. Neste tópico, cabe a história de pessoas que traduzem a Bíblia para povos indígenas, por exemplo, em línguas remotas. São pessoas que nasceram para esse tempo e essa missão sobrenatural nesta Terra.

Sabedoria: a uns é dada a palavra de sabedoria. A fonte primordial de toda sabedoria é Deus. A verdadeira sabedoria é vinda Dele. Os verdadeiros sábios buscam Deus em seus caminhos. Muitas vezes a sabedoria dos que buscam a Deus é confundida com religiosidade, e isso limita Deus e seu poder. Um grande número de pessoas acredita em teorias impostas por homens, mas se escandaliza ao ouvir uma teoria na qual Deus está presente. Por quê? Por que nossa mente humana limita tanto Deus e sua criação? De onde veio esse medo de aceitar Deus e a sabedoria vinda Dele? Perguntas assim precisam permear nossa vida para que voltemos a nossa mente ao que realmente importa: ao eterno e sua magnitude.

A sabedoria que vem do Criador é a verdadeira fonte do conhecimento e nossa mente precisa se voltar para isso para entender nossa existência de uma forma ampla e segura.

Deus não precisa de nossas argumentações, Ele é Deus e isso basta, mas nós precisamos de Deus a cada batida de nosso coração, então por que tanta resistência?

Ciência: a uns é dada a palavra de ciência. Esse dom difere do dom da sabedoria porque ele dá o entendimento das coisas e sua profundidade. Uma pessoa pode ser extremamente sábia, mas não compreender a ciência dessa sabedoria em profundidade. Uma pessoa que tem o dom da ciência esmiúça as informações até chegar em um dado específico, motivo de seu estudo, por exemplo. Normalmente, uma pessoa que tem o dom da ciência tem vontade de aprender mais e mais, tem sede de entender processos pelos quais as coisas passam até se tornarem completas. Quem possui o dom da ciência não descansa até descobrir todos os fatos, meios e argumentos que entrelaçam um assunto, é alguém que não cansa de aprender, suga o que pode, dá passos em direção às descobertas. Deus criou muitas pessoas assim e elas precisam encontrar seu lugar neste exato momento para serem úteis a todos. A busca pelo seu propósito é urgente, não há tempo a perder.

Discernimento de espírito: o dom de discernir espíritos é negligenciado e diminuído muitas vezes, mas ele é essencial. O apóstolo Paulo escreveu que Satanás se disfarça de anjo luz com o objetivo de enganar: E não é maravilha, porque o próprio Satanás se transfigura em anjo de luz. 2 Coríntios

11:14. Ele e seus demônios procuram profanar a mensagem de Deus. Para tanto, ele possui servos nesta terra que são agentes do engano e promotores da mentira.

Esse dom busca saber do Espírito Santo o discernimento de espíritos, para não considerar como verdade mensagens, sinais e manifestações fraudulentas. No contexto da primeira carta aos Coríntios, o uso do discernimento espiritual significa, justamente, a habilidade concedida pelo Espírito de Deus através da qual a pessoa é capaz de julgar se alguém fala ou age pelo Espírito Santo ou por um espírito falso e enganador. Pense a respeito desse dom, existem pessoas que sabem quando um enganador se aproxima. Como elas sabem? Elas identificam porque o dom exala e elas discernem o bem e o mal. Milhares de pessoas que têm esse dom não sabem que têm, ou passam a vida achando que são impressões sem importância. Reflita se esse é o seu dom e aprenda mais sobre ele.

Fé: esse dom também é descrito na primeira carta aos Coríntios, observemos que a fé é um dom, portanto, nem todos a possuem verdadeiramente. Jesus deixa claro que a fé não precisa ser grande. Ele especifica em Mateus 17:20 e em Lucas 17:6 que a fé do tamanho de um minúsculo grão de mostarda pode mover uma montanha de lugar, ou seja: o dom da fé é muito poderoso, é algo forte a ponto de abalar as estruturas espirituais.

> "E Jesus lhes disse: "por causa de vossa incredulidade; porque em verdade vos digo que, se tiverdes fé como um grão de mostarda, direis a este monte: passa daqui para acolá, e há de passar; e nada vos será impossível". Mateus 17:20.
> Ele respondeu: "se vocês tiverem fé do tamanho de uma semente de mostarda, poderão dizer a esta amoreira:

'arranque-se e plante-se no mar' e ela lhes obedecerá".
Lucas 17:6.

O dom da fé ultrapassa a barreira da dúvida, quem possui esse dom, crê.

A Palavra declara na carta ao Hebreus, capítulo 11, quem são os primeiros a receber o dom da fé.

> "Ora, a fé é o firme fundamento das coisas que se esperam, e a prova das coisas que se não veem. Porque por ela os antigos alcançaram testemunho. Pela fé entendemos que os mundos pela palavra de Deus foram criados; de maneira que aquilo que se vê não foi feito do que é aparente.
>
> Pela fé Abel ofereceu a Deus maior sacrifício do que Caim, pelo qual alcançou testemunho de que era justo, dando Deus testemunho dos seus dons, e por ela, depois de morto, ainda fala.
>
> Pela fé Enoque foi trasladado para não ver a morte, e não foi achado, porque Deus o trasladara; visto como antes da sua trasladação alcançou testemunho de que agradara a Deus.
>
> Ora, sem fé é impossível agradar-lhe; porque é necessário que aquele que se aproxima de Deus creia que ele existe, e que é galardoador dos que o buscam.
>
> Pela fé, Noé divinamente foi avisado das coisas que ainda não se viam, temeu e, para salvação da sua família, preparou a arca, com a qual condenou o mundo, e foi feito herdeiro da justiça que é segundo a fé.
>
> Pela fé, Abraão, sendo chamado, obedeceu, indo para um lugar que havia de receber por herança; e saiu, sem saber para onde ia.

Pela fé habitou na terra da promessa, como em terra alheia, morando em cabanas com Isaque e Jacó, herdeiros com ele da mesma promessa.
Porque esperava a cidade que tem fundamentos, da qual o artífice e construtor é Deus.
Pela fé também a mesma Sara recebeu a virtude de conceber, e deu à luz já fora da idade; porquanto teve por fiel aquele que lhe tinha prometido.
Por isso, também de um, e esse já amortecido, descenderam tantos, em multidão, como as estrelas do céu, e como a areia inumerável que está na praia do mar.
Todos estes morreram na fé, sem terem recebido as promessas; mas vendo-as de longe, e crendo-as e abraçando-as, confessaram que eram estrangeiros e peregrinos na terra.
Porque, os que isto dizem, claramente mostram que buscam uma pátria.
E se, na verdade, se lembrassem daquela de onde haviam saído, teriam oportunidade de retornar.
Mas agora desejam uma melhor, isto é, a celestial. Por isso também Deus não se envergonha deles, de se chamar seu Deus, porque já lhes preparou uma cidade.
Pela fé ofereceu Abraão a Isaque, quando foi provado; sim, aquele que recebera as promessas ofereceu o seu unigênito.
Sendo-lhe dito: em Isaque será chamada a tua descendência, considerou que Deus era poderoso para até dentre os mortos o ressuscitar; e daí também em figura ele o recobrou.
Pela fé, Isaque abençoou Jacó e Esaú, no tocante às coisas futuras.
Pela fé, Jacó, próximo da morte, abençoou cada um dos filhos de José e adorou encostado à ponta do seu bordão.

Pela fé José, próximo da morte, fez menção da saída dos filhos de Israel e deu ordem acerca de seus ossos.
Pela fé Moisés, já nascido, foi escondido três meses por seus pais, porque viram que era um menino formoso; e não temeram o mandamento do rei.
Pela fé Moisés, sendo já grande, recusou ser chamado filho da filha de Faraó, escolhendo antes ser maltratado com o povo de Deus, do que por um pouco de tempo ter o gozo do pecado; tendo por maiores riquezas o vitupério de Cristo do que os tesouros do Egito; porque tinha em vista a recompensa.
Pela fé deixou o Egito, não temendo a ira do rei; porque ficou firme, como vendo o invisível.
Pela fé celebrou a páscoa e a aspersão do sangue, para que o destruidor dos primogênitos lhes não tocasse.
Pela fé passaram o Mar Vermelho, como por terra seca; o que intentando os egípcios, se afogaram.
Pela fé caíram os muros de Jericó, sendo rodeados durante sete dias.
Pela fé Raabe, a meretriz, não pereceu com os incrédulos, acolhendo em paz os espias.
E que mais direi? Faltar-me-ia o tempo contando de Gideão, e de Baraque, e de Sansão, e de Jefté, e de Davi, e de Samuel e dos profetas, os quais pela fé venceram reinos, praticaram a justiça, alcançaram promessas, fecharam as bocas dos leões". Hebreus 11:1-33.

Ter esse dom não é o mesmo que buscar a fé. Todo cristão está em busca de fé e muitas vezes a encontra, o que difere do dom. O dom é dado por Deus para ser útil no cumprimento do propósito. Em um momento, ou em muitos momentos da vida de quem tem o dom da fé, ela será manifestada para a glória de Deus.

Cura: a cura através do dom também é descrita na Palavra. Cada dom especificamente é uma habilidade de manifestar o poder de Deus. Um verdadeiro dom jamais deve ser comparado à religiosidade de uma pessoa. Deus nunca esteve indiferente à humanidade, e isso inclui a cura. Eu e você, crendo ou não, vemos milagres ao nosso redor todos os dias. Milhares de curas acontecem por minuto e em muitas ocasiões o ser humano não as consegue explicar. Já parou para pensar que muitas pessoas podem ser usadas por Deus para curar mesmo sem ter conhecimento disso? Deus dá os dons para os usar para sua glória e manifestação de sua misericórdia. O infinito amor de Deus encontra maneiras de ajudar seus filhos e filhas de muitas formas, e uma delas é a cura física ou espiritual. Falamos em cura física e espiritual porque a doença pode ser do corpo ou do espírito. Satanás, o inimigo de Deus, veio somente para matar, roubar e destruir, conforme João 10:10, e isso inclui a doença, que é uma forma de enfraquecer matando a vida, roubando a fé e destruindo o plano inicial de Deus para a vida acometida. Deus tem um plano para cada um, já falamos disso e ele deve se cumprir, mas por muitos motivos as pessoas se desviam da rota do plano de Deus e nesses desvios podem encontrar as doenças. A pessoa que possui o dom da cura toma posse da palavra descrita a seguir, ela é usada por Deus para fornecer o que Jesus já nos deu, conforme Isaías 53 bem profetizou.

> "Verdadeiramente ele tomou sobre si as nossas enfermidades, e as nossas dores levou sobre si; e nós o reputávamos por aflito, ferido de Deus, e oprimido. Mas ele foi ferido por causa das nossas transgressões, e moído por causa das nossas iniquidades; o castigo

que nos traz a paz estava sobre ele, e pelas suas pisaduras fomos sarados". Isaías 53:4-5.

Se você sente em seu coração que seu dom é a cura, não perca mais tempo. No mundo lá fora tem muitas pessoas precisando de cura e restauração, e essa é sua obrigação! Levante e cure em nome do Senhor Jesus!

Operação de maravilhas: este é um dom que está intimamente ligado à demonstração sobrenatural do poder de Deus. Operar maravilhas em nome do Senhor é algo que está presente na Bíblia do começo ao fim. Deus é poderoso e esse poder excede a operação de maravilhas. Se Deus quiser operar maravilhas através de uma vida, Ele fará, não importa como. Com o passar do tempo, as pessoas desenvolveram grande resistência aos milagres, e isso se deve ao fato de que a humanidade vem perdendo a essência do céu, de pertencer ao céu e também pela ação de Satanás neste mundo, pervertendo, usando de mentiras e artimanhas para afastar todos que ele puder do Senhor. O poder de Deus é o mesmo, ontem, hoje e sempre será, mas a nossa incapacidade de compreender o sobrenatural, muitas vezes, nos impede de contemplar as maravilhas escondidas no poder de Deus através do Espírito Santo. É possível para você imaginar o mar se abrindo para o povo passar?

> "Então, Moisés estendeu a sua mão sobre o mar, e o Senhor fez retirar o mar por um forte vento oriental toda aquela noite; e o mar tornou-se seco, e as águas foram partidas. E os filhos de Israel entraram pelo meio do mar em seco; e as águas foram-lhes como muro à sua direita e à sua esquerda". Êxodo 14:21-22.

O propósito de Deus para sua vida

Imagine Jesus alimentando uma multidão de mais de 4 mil pessoas com cinco pães e dois peixes.

> "Ao cair da tarde, os discípulos aproximaram-se dele e disseram: 'Este é um lugar deserto, e já está ficando tarde. Manda embora a multidão para que possam ir aos povoados comprar comida'. Respondeu Jesus: 'Eles não precisam ir. Deem-lhes vocês algo para comer'. Eles lhe disseram: 'Tudo o que temos aqui são cinco pães e dois peixes'. Jesus disse: 'Traga-os aqui para mim'. E ordenou que a multidão se assentasse na grama. Tomando os cinco pães e os dois peixes e, olhando para o céu, deu graças e partiu os pães. Em seguida, deu-os aos discípulos, e estes à multidão. Todos comeram e ficaram satisfeitos, e os discípulos recolheram doze cestos cheios de pedaços que sobraram. Os que comeram foram cerca de cinco mil homens, sem contar mulheres e crianças". Mateus 14:15-21.

Sua mente consegue imaginar essas cenas e entender a grandeza de Deus? Deus é o criador de tudo que há, para Ele nada é impossível, nem as maravilhas e os milagres.

A Bíblia declara que os dons são como membros que completam o corpo e formam a igreja perfeita de Cristo, que são as pessoas vivendo seu propósito.

Após ser apresentado(a) aos dons espirituais, medite sobre eles e veja como um novo horizonte se abre à sua frente.

Você consegue identificar o seu dom?
Escreva abaixo o que você identificou a respeito do dom que Deus lhe deu:

_____
_____
_____
_____
_____
_____
_____
_____
_____
_____
_____
_____
_____
_____
_____
_____
_____
_____
_____
_____

CAPÍTULO 4

Como as pessoas me veem

Quando paramos para pensar sobre a forma como somos vistos, entendemos que isso diz respeito à nossa imagem. Certamente a nossa imagem é algo muito importante, mas o nosso propósito é mais importante e maior. A forma como somos vistos diz muito sobre o propósito de cada um. O nosso agir, nossa forma de falar, de se portar ou de se expressar dizem muito sobre nós e, algumas vezes, o resultado disso não é o que queremos passar para as pessoas. Vou explicar melhor com as afirmações abaixo:

- **A realidade que você vê é a realidade de acordo com a sua percepção;**
- **A sua imagem precisa estar alinhada ao seu propósito.**

Usando um exemplo básico, uma pessoa deseja ser evangelista, estuda as escrituras, tem momentos diários com Deus, lê a Bíblia e ouve pregações de evangelistas que admira, essa pessoa acredita que esse é o seu propósito. No entanto, no dia a dia essa pessoa toma atitudes que não condizem com esse desejo de ser evangelista, ela se envolve em discussões, faz fofocas, tem vícios ou se veste de maneira escandalosa. É possível imaginar essa pessoa sendo evangelista? A imagem que ela passa condiz com o propósito que ela acredita ter? Sinceramente não.

Precisamos entender uma coisa: o seu propósito de vida precisa estar alinhado com o seu estilo de vida, senão é inútil a sua busca por ele. Podemos ter uma vontade imensa de viver o nosso propósito, mas a vontade não é suficiente.

Sem atitude a vontade não passa de uma vontade.

Um passo importante na busca de um propósito de vida é o bom uso da nossa imagem. As pessoas que nos veem precisam enxergar em nós que nossa vida realmente é importante para Deus e para as pessoas. A imagem de uma pessoa é algo tão importante que ela pode passar até seus traumas e medos através dela. O primeiro passo para a construção de uma imagem real é o amor próprio. Quem se ama, naturalmente, cuida de si com carinho. Questione-se hoje:

Minha missão de vida está atrelada a quê?

_____
_____
_____
_____
_____

O que preciso mudar para passar a imagem que realmente desejo passar para as pessoas que me veem?

_____
_____
_____
_____
_____

Minha vida é relevante? Por quê?

_____
_____
_____
_____
_____

O que minha imagem diz sobre mim?

_____
_____
_____
_____
_____

Se essas perguntas lhe intrigam, esmiúce mais.

É preciso mudar? Mude hoje! É preciso recomeçar? Recomece agora! Volte-se para quem você é em Deus. Tenha em mente que Deus o criou para ser a pessoa mais feliz deste mundo e isso inclui a forma como você se vê e como o mundo te vê. Valorize o que você tem e saiba que tem muito valor para Deus.

NÃO PERMITA QUE SUA IMAGEM DISTORÇA QUEM VOCÊ É.

Se queremos ser relevantes, precisamos transmitir isso através da nossa imagem, sempre lembrando que Deus nos fez à sua própria imagem e semelhança (Gênesis 1:27): "E criou Deus o homem à sua imagem; à imagem de Deus o criou; homem e mulher os criou." Isso é lindo, é esplendoroso!

Creio que, se você está lendo este livro, é porque tem interesse em saber qual é a sua missão nesta Terra, neste tempo e local, portanto cuide da sua imagem, ela faz parte desse processo.

Para descobrir e viver o meu propósito, devo cuidar da minha imagem pessoal? Certamente sim e as dicas que darei a seguir poderão te ajudar nessa etapa e te colocar mais perto do propósito de Deus para a sua vida, pratique-as!

Dicas para atrelar a imagem ao propósito:
1. Reflita se está andando na mesma via daquilo que você deseja para a sua vida. Até aqui você pode ter descoberto o seu dom espiritual e já tem ideia em qual

atividade se destaca. Observe se a sua conduta está alinhada a isso;
2. Discrição sempre é bem-vinda, não busque ser notado(a) por sua roupa ou aparência;
3. Menos é mais, principalmente na hora de se destacar;
4. Não fale se não for solicitado(a). Primeiro observe e, depois de observar, fale. Quem pensa antes de falar tende a mostrar uma boa imagem;
5. Seja cuidadoso(a) consigo. Ame-se, se admire e se respeite em primeiro lugar, lembre-se de que seu corpo é templo do Espírito Santo (1 Coríntios 6:19-20);

> "Ou não sabeis que o vosso corpo é o templo do Espírito Santo, que habita em vós, proveniente de Deus, e que não sois de vós mesmos?
> Porque fostes comprados por bom preço; glorificai, pois, a Deus no vosso corpo, e no vosso espírito, os quais pertencem a Deus". 1 Coríntios 6:19-20.

6. Seja prudente ao tratar as pessoas, ser invasivo(a) é uma das formas mais certeiras de passar uma péssima imagem;
7. Sua atitude pode falar por você mais sonoramente do que a palavra, seja gentil, sempre;
8. Esteja sempre adequado(a) ao lugar onde está;
9. Mantenha o equilíbrio na hora de interagir com as pessoas.

Escreva abaixo as mudanças que vai fazer a partir de hoje em sua imagem.
Inicie com a frase:

Eu _____ me comprometo a
_____
_____
_____
_____
_____
_____
_____
_____
_____
_____
_____
_____
_____
_____
_____
_____
_____
_____
_____
_____
_____

CAPÍTULO 5

O poder da gratidão

É possível que você ainda não esteja exatamente onde deseja estar, por isso se interessou em ler este livro, mas para chegar lá existe algo muito importante que você precisa aprender a praticar todos os dias: a gratidão.

> "Gratidão transforma o que você tem em suficiente." Melody Beattie

Em poucas linhas já adianto alguns motivos pelos quais podemos ser seres humanos gratos:
- Motivo 1: acordamos hoje;
- Motivo 2: estamos respirando;
- Motivo 3: recebemos um presente ao acordar, um novo dia para viver;
- Motivo 4: Deus nos ama;
- Motivo 5: Jesus morreu na cruz para nos salvar.

Por esses motivos acima já podemos exaltar sobremaneira o nome do Senhor e louvar a Ele pela nossa vida. O hábito de agradecer aumenta muito a chance de viver o seu propósito, porque a gratidão nos aproxima dos planos de Deus.

Vamos fazer uma reflexão: repare nas pessoas que sobreviveram a graves doenças e acidentes. Como elas passam a viver a vida após essa experiência? A maioria vive com profunda gratidão a Deus por ter recebido mais uma chance para amar a família, observar a natureza, andar, correr ou nadar.

Em contrapartida, pense em alguém que está no leito de morte, existem inúmeros livros e estudos que comprovam que essas pessoas se arrependem de não terem vivido intensamente a sua vida, aproveitado a família, contemplado a natureza e admirado as pequenas coisas em seus dias bons. Se elas tivessem exercido a gratidão e experimentado o poder de Deus através dela, certamente teriam menos arrependimentos.

Não sobreviva à sua vida, viva!

Muitas pessoas apenas sobrevivem a uma vida mediana, sem coragem ou sem sonhos. Sonhe, corra atrás dos seus objetivos, agrade a Deus hoje, diga que ama hoje, o amanhã nesta terra pode não existir. Seja grato a Deus por cada batida do seu coração, pois por ele o coração de Jesus parou de bater na cruz, na morte mais cruel que já existiu. Esse é o grande motivo pelo qual devemos agradecer a Jesus hoje mesmo, porque Ele vive, então agradeça pessoalmente.

Posso garantir que Jesus vive, falei com Ele hoje mesmo.

Espero ajudá-lo a encontrar o seu propósito de vida, ou pelo menos instigar o seu coração por ele, porque a maioria das pessoas morre sem saber por qual razão nasceu. O dia do seu nascimento foi agendado por Deus para o cumprimento de sua missão nessa jornada chamada vida e eu lhe garanto que sem Deus não há como descobrir e cumprir essa missão. Agradeça hoje por ter nascido e por estar no caminho para encontrar o porquê desse nascimento. O hábito de agradecer todas as manhãs será transformador.

PARA INICIAR SUA JORNADA DE GRATIDÃO, SIGA OS PASSOS A SEGUIR:

1. Ao acordar de manhã, agradeça a Deus pelo dia, pela sua vida;
2. Consagre seu dia ao Senhor em gratidão a tudo que Ele planejou para você;
3. Agradeça por ter um teto sobre a cabeça e pão na mesa;
4. Agradeça especificamente por alguém existir ou por algo que conquistou, pense em algo que seja importante para a sua vida;
5. Agradeça por Deus ter lhe dado a chance de cumprir o seu propósito nesta terra.

A gratidão precisa ser cultivada, como uma planta. Plantar não é suficiente, é preciso regar. Regue a gratidão com os passos citados diariamente e verá que em breve será hábito. O hábito de agradecer vai trazer resultados imediatos para a sua vida. Você passa a ver as coisas sob a ótica da gratidão, como agradecer por ter comido ao invés de reclamar do sabor da comida, agradecer por ter o que vestir ao invés de reclamar de suas roupas, agradecer por ter pernas ao invés de reclamar por ter que andar alguns metros em direção ao trabalho e, enfim, agradecer pelo trabalho, que muitos esperam ter e não têm.

A gratidão constrange porque ela nos mostra como temos motivos para agradecer e muitas vezes não agradecemos.

E quando as coisas não vão bem? Mesmo assim agradeça. Entenda que o tempo difícil é aquele que mais ensina lições, e isso um dia lhe será muito útil. Normalmente, não temos vontade de agradecer na tempestade, mas, quando a calmaria chega, entendemos o quanto crescemos com a crise. Peça a Deus que te ensine a ser grato em todas as horas, inclusive nas ruins.

A gratidão também muda a percepção das coisas, ela dá cor aos dias e sentido para a vida. Exercite a gratidão a partir de agora e verá muito em breve resultados positivos sobre a sua vida.

Não esqueça: quando encontrar o seu propósito, agradeça!

DIÁRIO DA GRATIDÃO

Anote abaixo os resultados alcançados através da gratidão, podem ser pequenas coisas, pois o importante é manter o hábito de exercer a gratidão.

_____
_____
_____
_____
_____
_____
_____
_____
_____
_____
_____
_____
_____
_____
_____
_____
_____
_____
_____
_____

CAPÍTULO 6
O poder do louvor

A palavra de Deus nos dá claramente a origem da música: "E o nome do seu irmão era Jubal; este foi o pai de todos os que tocam harpa e órgão". Gênesis 4:21.

No capítulo 4 do livro de Gênesis, a palavra cita a linhagem de Caim, filho de Adão, e nessa linhagem nasceu Jubal, que é citado como o pai de todos os que tocam harpa e órgão. Ou seja, a música esteve presente desde os primeiros homens de uma forma muito especial, quando os seres humanos já estavam criando instrumentos para tocar. A música tem um poder extraordinário, através da melodia e também da palavra proferida.

Vamos ter um momento secreto agora já que você está fazendo essa leitura só, estamos você e eu. Tem prestado atenção ao que você ouve? Nas letras das músicas que cantarola? A partir de agora pense nisso com cuidado. A música exerce poder sobre o seu cérebro e vamos falar um pouco disso.

Cientificamente falando, quando alguém ouve música, de uma forma geral, é como se todas as áreas do cérebro conversassem entre si. A música provoca uma sinergia entre várias regiões do cérebro. O córtex auditivo é responsável por distinguir volume e tom. Também é ele o responsável por entender o ritmo. Quando o som entra pelos ouvidos, outras áreas do cérebro também são ativadas: movimento, memória, atenção e emoção. O sincronismo de tudo isso libera hormônios relativos à sensação que a música provoca.

Estudos relacionados à música e à neurociência expandiram conhecimentos das bases neurobiológicas sobre como ocorre o processamento da música no cérebro, tendo como finalidade a compreensão de como a mente percebe, interpreta, apreende e comanda a música, além de buscar desvendar os processos envolvidos na percepção, aprendizagem e cognição musical (MUSZKAT, 2008). A música desperta emoções complexas, tendo a capacidade de ativar diferentes partes e funções do nosso cérebro, como sensopercepção musical e memórias, incluindo redes de recompensa (áreas do cérebro, como a área tegumentar ventral, que levam à liberação de dopamina no córtex pré-frontal, gerando uma sensação de bem-estar), processos sensório-motores e sensações prazerosas em decorrência da ativação do sistema límbico, responsável pela autorregulação emocional, o que pode explicar a riqueza única das emoções musicais (MUSZKAT, 2008; TROST et al, 2011). Ela pode ser um instrumento facilitador para reorganizar funções amplas, com impacto em atividades extramusicais, como a atenção, o planejamento e a memória. Vivenciada e presente em nosso dia a dia, de diversas maneiras, e presente em diversas atividades coletivas na sociedade humana, a música se transforma em traço exclusivo dos seres humanos, junto à linguagem (MASZKUT, 2008).

Cada vez que nós ouvimos um padrão musical que é novo para os nossos ouvidos, nosso cérebro tenta fazer uma associação através de qualquer sinal visual, auditivo ou sensorial. A música é algo poderoso e quem está em busca do seu propósito de vida também pode e deve se beneficiar dela da forma correta.

Não encha seus ouvidos e seu cérebro de lixo, de poluição musical. Procure ouvir algo que edifique a sua vida e o louvor a Deus é uma ferramenta importante em uma vida com propósito.

Falamos anteriormente sobre a maneira como a música age no cérebro, agora espiritualmente falando, música escrita para Deus tem um poder imenso no reino espiritual. Se você pensa que esse reino não existe está na hora de repensar isso e tomara que esta leitura lhe seja útil em sua busca espiritual também. Seja prudente, não confunda reino espiritual com mentiras sobre ele, saiba discernir o que é de Deus e vem Dele através da bússola, a Bíblia sagrada.

> "E, no mesmo instante, apareceu com o anjo uma multidão dos exércitos celestiais, louvando a Deus, e dizendo: Glória a Deus nas alturas, Paz na terra, boa vontade para com os homens". Lucas 2:13-14.

A passagem Bíblica mencionada relata o que os pastores de ovelhas, que pastoreavam nos campos em Belém, viram e ouviram quando os anjos anunciaram o nascimento de Jesus. O louvor angelical deve ser algo tão poderoso, tão precioso que não há como descrever o que esses homens sentiram nessa hora. Imagine a emoção que aflorou em todo corpo deles ao ouvir a melodia do céu. A experiência que eles viveram certamente ficou na memória enraizada como árvore, profunda raiz forte e vigorosa. A música é capaz de tocar a alma, ela é capaz de fazer, através da palavra, uma profunda limpeza espiritual.

Portanto, a partir de agora, selecione o que vai ouvir, experimente ouvir algo que glorifique a Deus e sinta a sensação que se espalha em seu corpo. Apodere-se disso e use a música a seu favor.

Uma vida é muito vazia sem melodia, enquanto vive, curta a música!

O propósito de Deus para sua vida

DICAS DE MÚSICAS QUE VÃO EDIFICAR SEU DIA:

- O escritor (Pr. Lucas);
- Diz (Gabriela Rocha);
- Quero que valorize (Armando Filho);
- Deus e eu (Leandro Borges);
- Não mais escravos (Fernandinho);
- Eu tenho um chamado (Quatro por Um);
- Conversa de filho (Gabriela Rocha).

Ao ouvir as músicas citadas, certamente você se sentirá bem e confiante para o dia que começa. Faça essa experiência pela manhã e escreva nas linhas abaixo o resultado.

_____

_____

_____

_____

_____

A vida é uma melodia de sons, de emoções e de palavras proferidas. Seja o cantor, a cantora da música da sua vida!

A palavra universo desmembrada significa: un = um e verso = palavra, melodia. Há um universo dentro de você que pode ser transformado pelo poder do louvor. Cada pessoa tem um universo dentro dela e a descoberta dele toca a alma.

Use a música a seu favor, beneficie-se dela!

CAPÍTULO 7

Passando tempo a sós com Deus

Para que você seja capaz de identificar o seu propósito e, principalmente, vivê-lo é imprescindível que tenha uma vida com Deus, no secreto. Não foi por acaso que Jesus declarou em Mateus 6:6: "Quando orares, entra no teu quarto, fecha a porta e ora ao teu Pai em segredo; e teu Pai, que vê num lugar oculto, recompensar-te-á".

Isso significa que uma vida com propósito se solidifica através do relacionamento diário com o Pai. Nunca tivemos uma geração tão negligente à vida espiritual, e isso tem prejudicado muito a humanidade. Para que uma pessoa tenha uma existência relevante é necessário que ela invista tempo em sua saúde espiritual, que ela ouça Deus em oração e através da sua Palavra, somente ela e Deus. Não há tempo a perder. O que você tem feito das 24h que ganha todos os dias? Porque todos ganhamos o mesmo tempo, a diferença está em como o aproveitamos.

Nesta etapa da escrita posso dividir com vocês como eu organizei minha vida desde que conheci Deus. Até os meus 36 anos eu não tinha relacionamento com meu Pai, apesar de nunca ter duvidado da sua existência. Eu seguia o catolicismo e seus costumes e, seguindo isso, eu acreditava estar protegida por Deus e fazendo a minha parte para chegar até o céu após a morte. Eu não nutria nenhum tipo de relacionamento com Deus e nem com a sua palavra. Minha Bíblia estava aberta no salmo 23 na sala, como em muitas casas que conheço, empoeirada e sem uso. Eu vivia as regras de uma religião e quando eu precisava de algo eu fazia uma novena a um santo qualquer me ajoelhando na frente de uma imagem que eu considerava que representava essa pessoa santa, que teve uma vida santa. Esse era o resumo da minha vida, religiosa, mas completamente vazia de Deus. Até que, um dia tudo mudou completamente. Na verdade, eu é que mudei completamente desde o dia que conheci o Deus vivo e comecei a me relacionar com Ele. Eu comprei uma Bíblia de estudo e passei a acordar uma hora mais cedo todas as manhãs para buscar a Deus. Eu tive minhas próprias experiências com Deus e elas nutriram a minha alma, eu passei a ouvi-lo diariamente. Nesse tempo me dediquei ao estudo da Palavra de Deus e então entendi a passagem a seguir:

> "Porque a palavra de Deus é viva e eficaz, e mais penetrante do que espada alguma de dois gumes, e penetra até à divisão da alma e do espírito, e das juntas e medulas, e é apta para discernir os pensamentos e intenções do coração". Hebreus 4:12.

A palavra confrontou, constrangeu, confortou, ajudou e transformou minha vida por completo. Nunca algo havia chegado tão fundo em minha alma e através dela e eu passei a amar Deus e ver que Ele vive e, então, eu entreguei minha vida a Jesus e passei a viver uma nova história. Tudo que eu havia feito até esse momento não tinha sentido e ali, só eu e Deus, em meu quarto de oração eu entendi o que me rodeava, eu vi um amor tão intenso de um Pai pelos seus filhos que eu nem imaginava existir e o meu propósito se abriu diante dos meus olhos. Jesus e o plano de salvação da humanidade me deram sede de contar a todos o que eu havia descoberto e não tinha mais como guardar para mim tamanha revelação. Tudo que eu aprendi no quarto de oração não cabe em um relato, é muito maior do que um livro ou um testemunho, é Deus me alcançando e me buscando quando tudo era distante e sem sentido. Se eu não tivesse investido neste tempo a sós com Deus, eu jamais teria tido as experiências espirituais que tive e não há nada que seja mais intenso que isso.

Minha forma de me relacionar com Deus foi acordando mais cedo pela manhã e faço isso até hoje, porque é um momento em que ninguém precisa de mim, ninguém chama ou liga, é o meu momento com meu Pai e eu não abro mão disso jamais. Neste momento conversamos, eu consagro meu dia e da minha família ao Senhor, Ele fala comigo através da sua Palavra e, quando eu saio de casa, eu saio com a certeza que meu Pai cuida de mim, saio sabendo que dei um abraço Nele ao acordar e disse que O amava, então sei que tudo que acontecer neste dia cooperará para o meu bem.

> "E sabemos que todas as coisas contribuem juntamente para o bem daqueles que amam a Deus, daqueles que são chamados segundo o seu propósito". Romanos 8:28.

Certa vez, em uma celebração, um Pastor fez uma analogia entre os compromissos de Deus e nós, seus filhos. Ele disse que quando um anjo vem trazendo um assunto urgente ao Senhor e nós dobramos os joelhos para orar, Deus diz: esse assunto pode esperar, porque agora a minha filha está falando comigo e ela é a prioridade. Isso foi inesquecível para mim porque ali eu me coloquei na posição de filha de um Pai que me ama muito e me prioriza o tempo todo. Saí de lá diferente, porque consegui me portar pela primeira vez como filha de Deus e me sinto assim todos os dias desde então.

Somos filhos do Rei, herdeiros do céu e devemos nos sentir assim, nos sentir nessa posição, se essa foi a nossa escolha: nascer de novo na água e no espírito.

Minha sugestão é: arrede os móveis, compre uma boa Bíblia e um caderno, deixe canetas a mão e separe um lugar para você e Deus. Pode ser um cantinho do seu quarto, na sala, não importa onde, desde que seja um canto de paz. E neste lugar busque a Deus todos os dias até se tornar um hábito (21 dias é o tempo que um novo costume se torna hábito, persista).

Quais atitudes você precisa tomar para cultivar um relacionamento com Deus?

_____

_____

_____

_____

_____

_____

_____

PLANO DE AÇÃO

Meu canto de oração será em minha casa, no ambiente descrito abaixo.

O que preciso para começar, além de vontade?

Uma Bíblia. Hoje existem muitas opções, inclusive gratuitas através de aplicativos, mas eu indicaria uma de estudo para começar, a qual tem vários estudos prontos que vão ajudá-lo a formar opinião sobre os livros da Bíblia.

Comprometo-me a comprar uma Bíblia, caso eu não tenha uma, no dia ———————————— e para me antecipar vou baixar um aplicativo de Bíblia on-line, de linguagem atual, hoje mesmo.

Separarei um caderno para oração, resumos e estudo, no qual vou escrever datas de propósitos que farei para me tornar uma pessoa de fé. Além de escrever orações para temas diversos da minha vida, estudos bíblicos e coisas que aprendi.

Também terei canetas de diferentes cores para marcar a minha Bíblia e meu caderno, afinal essas ferramentas são minhas e devo usá-las para adquirir sabedoria.

Neste local terei fotos de quem amo, para lembrar de orar por eles todos os dias.

Organizarei um horário por dia para orar, ler e meditar na palavra do Senhor sozinho.

Dica: acorde mais cedo e faça isso pela manhã, será um tempo ganho que não era aproveitado antes.

Vou acordar no seguinte horário a partir de amanhã.

Toda vez que eu abrir a Palavra de Deus vou pedir que o Espírito Santo me ajude a compreendê-la, porque de nada adianta eu ler muitas páginas e não entender. Eu quero ser uma pessoa com propósito.

Eu vou seguir adiante mesmo que a vontade de dormir seja grande, eu posso ter domínio sobre mim. Quando eu tiver as primeiras experiências com Deus, eu saberei que meu esforço valeu a pena!

COMPROMETIMENTO

Iniciei minha vida no secreto com Deus no dia _____ do mês _____ do ano _____ .

Guarde a data acima. Certamente sua vida vai mudar muito a partir desse dia.

Nas primeiras páginas do seu caderno, escreva as seguintes informações:
- A preguiça espiritual não me dominará porque eu decido ter atitude e ir em busca da sabedoria que vem do SENHOR;
- Graças a Deus sou livre para exercitar minha fé, aprender sobre o Senhor e, assim, descobrir o motivo pelo qual Deus me criou;
- Quero conhecer o plano de salvação de Deus através da cruz de Jesus e para isso vou me dedicar a Ele nas primeiras horas do meu dia;

- Afirmo e declaro com convicção que nada, nem ninguém, me fará recuar desse propósito.

As afirmações são importantes porque elas nos convidam a exercer a disciplina com a qual nos comprometemos.

Assim como a leitura, uma vida com Deus exige disciplina. Quantas pessoas você conhece que prometem ler um livro por ano e não o fazem? Eu conheço muitas. O fato de você estar lendo este livro já te faz uma pessoa diferente das demais. Existem muitos livros à disposição de todos e muitos simplesmente não leem. Primeiro porque não conseguem se concentrar, segundo porque não adquiriram o hábito e terceiro porque tudo que for fazer exige esforço. Muitos, não sendo pessimista, mas a maioria, vivem sem praticar o esforço. E é importante te contar algo: sem esforço você não aprenderá muita coisa.

A zona de conforto é um lugar seguro, mas nada acontece lá.

Há um adversário à espreita que fará de tudo para que um ser humano não conheça Deus verdadeiramente, é importante que você saiba disso. "Portanto, submetam-se a Deus. Resistam ao diabo, e ele fugirá de vocês". Tiago 4:7.

> "Mas Jesus disse: o ladrão não vem senão a roubar, a matar, e a destruir; eu vim para que tenham vida, e a tenham com abundância". João 10:10.

Ao buscar a vida abundante que só Jesus pode oferecer, o ladrão tenta roubar sua paz, matar sua vida espiritual e destruir a sua fé, não ceda. Não ceda porque nada se compara a Cristo, e ao descobrir isso sua vida jamais será a mesma.

Uso uma frase neste ponto do livro que uma vez uma professora na faculdade me disse, como minha orientadora: Carolina, se você quiser peixe assado, escolheu a pessoa errada para orientá-la, mas, se você quer aprender a pescar, então eu sou a pessoa ideal para estar contigo nessa aventura que é o seu artigo científico.

Escreva a seguir o seu plano para uma vida com Deus, a direção você já tem, agora o leme é seu!

_____
_____
_____
_____
_____
_____
_____
_____
_____
_____
_____
_____
_____
_____

CAPÍTULO 8
Orando de propósito

Você já tem um plano de ação descrito no capítulo anterior, já começou a buscar a Deus no secreto e já tem conhecimento de como fazer isso. Agora chegou a hora de colocar em prática esse conhecimento através de uma vida de oração.

Em algum momento, você já questionou quando o ser humano começou a orar? Ou quem fez a primeira oração a Deus? Ou ainda como isso aconteceu? A Palavra descreve a primeira oração sendo da linhagem de Sete, filho de Adão e Eva. Após Caim matar Abel, Sete foi gerado e em sua linhagem a oração teve origem.

> "E a Sete também nasceu um filho; e chamou o seu nome Enos; então se começou a invocar o nome do Senhor". Gênesis 4:26.

Orar vem de oratória, orar é falar, mediar, interferir no céu. A oração é a forma de nos comunicarmos com Deus, é através dela que contamos para Deus nossas angústias e também agradecemos pela vida, pela saúde ou pela família.

A oração funciona. Jesus ensinou os apóstolos a orarem principalmente pelo exemplo, pois Ele orava madrugadas inteiras. Jesus orou em todo o tempo e também prometeu deixar o consolador, o Espírito Santo, ao nosso lado quando ele subiu ao céu.

"E eu rogarei ao Pai, e ele vos dará outro Consolador, para que fique convosco para sempre; O Espírito de verdade, que o mundo não pode receber, porque não o vê nem o conhece; mas vós o conheceis, porque habita convosco, e estará em vós. Não vos deixarei órfãos; voltarei para vós". João 14:16-18.

O Espírito Santo, o consolador, intercede por nós em nossas fraquezas na hora de orar, conforme a Palavra ensina: Da mesma forma o Espírito nos ajuda em nossa fraqueza, pois não sabemos como orar, mas o próprio Espírito intercede por nós com gemidos inexprimíveis. Romanos 8:26-27.

Falar que o Espírito Santo intercede por nós com gemidos inexprimíveis significa que as palavras não podem expressar esse cuidado do Espírito Santo por nós, é sobrenatural e vai além da compreensão humana. Ele é o consolador. Nós somos pecadores e falhos, mas a pessoa do Espírito Santo, nosso amigo, nos conforta e nos ajuda quando estamos fracos.

Não podemos subestimar o poder da oração e nem limitar Deus, que age através dela. A oração é uma arma de guerra muito poderosa e deve ser vista como tal. Através de uma oração grandes coisas podem acontecer e não devemos duvidar disso, porque Deus age mediante a nossa fé.

Te desafio a fazer uma experiência com Deus através da oração. Ao passar um tempo a sós com Deus, ore, converse com teu Pai, agradeça e peça a Ele o que você precisa. O segredo de uma boa oração não é uma técnica a ser copiada, é a palavra que sai do seu coração, da sua alma. Jesus inclusive condenou a oração decorada:

> "E, orando, não useis de vãs repetições, como os gentios, que pensam que por muito falarem serão ouvidos. Não vos assemelheis, pois, a eles; porque vosso Pai sabe o que vos é necessário, antes de vós lhe pedirdes". Mateus 6:7-8.

Portanto, comece o exercício da oração conversando com Deus, conte a Ele como se sente, explique como foi seu dia, medite na Palavra e verá que, quanto mais orar, mais natural será na sua vida a prática da oração.

Você pode fazer uma oração pelas pessoas que ama, pelas decisões a tomar, por novos projetos e novos caminhos. Deus quer te ouvir e quer saber o que você precisa, Ele quer te ajudar e não ser solicitado somente na hora do desespero, aliás, um cristão nunca deve se desesperar, deve sim entregar a Deus tudo que o aflige e confiar que Deus o ajudará.

Uma forma interessante de desenvolver a oração é escrever, pegue um caderno e comece a escrever orações e releia sempre que necessário, muitas coisas acontecem quando você dobra seus joelhos e busca a Deus em oração.

Jesus nos deixou um modelo de oração, ao qual podemos recorrer e entender o que ele significa, a oração do Pai Nosso.

> "Portanto, vós orareis assim: Pai nosso que estás nos céus, santificado seja o teu nome; venha o teu reino; faça-se a tua vontade, assim na terra como no céu; o

pão nosso de cada dia dá-nos hoje; e perdoa-nos as nossas dívidas, assim como nós temos perdoado aos nossos devedores; e não nos deixes cair em tentação; mas livra-nos do mal, pois teu é o reino, o poder e a glória para sempre. Amém!" Mateus 6:9-13.

DESMEMBRANDO O PAI NOSSO:

Pai nosso que estás nos céus, santificado seja o teu nome: no início Jesus enfatiza que Deus é santo, que habita o céu, acima de todos, Deus é. O início da oração é marcado pela honra dada ao Pai e somente a Ele. A adoração a Deus é o foco principal.

Venha o teu reino; faça-se a tua vontade, assim na terra como no céu: Jesus ensina nesta parte da oração que Deus é soberano e orar pedindo que seja feita a vontade do Pai é entender que Ele quer o melhor para nós e tudo que acontece em nossa vida faz parte do plano dele. Desejar o reino de Deus é dizer: Pai, eu aceito tua vontade, sou tua morada, venha o teu reino através da minha vida.

O pão nosso de cada dia dá-nos hoje: ao pedir o pão de cada dia, estamos entrando nas nossas petições pessoais, pedindo o pão, a provisão de Deus e solicitando que Deus supra as nossas necessidades. O pão era o principal alimento no tempo de Jesus, uma casa que tem o pão da vida, que é Ele, não tem falta de nada.

E perdoa-nos as nossas dívidas, assim como nós temos perdoado aos nossos devedores: neste trecho entra o perdão, o pedido de perdão e o perdoar. Sem perdão a vida não encontra o centro da vontade de Deus. O perdão é necessário, é urgente e também é muito difícil de praticar. Para perdoar verdadeiramente é preciso se entregar a Deus e entender que todos erramos, dia após dia. Feito isso, o perdão flui e quando ele flui a leveza vem junto, porque não há nada mais libertador que o perdão.

E não nos deixes cair em tentação; mas livra-nos do mal: Deus sabe que o diabo está sempre à espreita para nos fazer mal, por isso, ao pedirmos que Deus nos livre dele com sinceridade, o inimigo não consegue cumprir os planos que idealizou para nossa vida. A tentação é mencionada porque ela é a brecha que satanás usa para nos atacar.

Pois teu é o reino, o poder e a glória para sempre. Amém: tudo pertence a Deus. Ele é detentor do reino e do poder e a glória do Senhor está sobre toda a terra. Ao entendermos isso, demonstramos que Dele, por Ele e para Ele são todas as coisas, como filhos amados do Criador do universo. *Amém:* que assim seja.

Jesus deixou o pai nosso como modelo de oração como todos os aspectos necessários para chegar até o Pai, mas de nada adianta orar de forma decorada repetindo as frases. Deus quer que você compreenda que uma oração verdadeira é feita com atenção e honestidade, e isso que fará a diferença em sua vida, e não quantas vezes você orou o pai nosso sem saber o que estava dizendo.

Eu tenho muitas orações respondidas por Deus, inúmeras. O interessante é que tenho as anotações escritas e a forma como Deus agiu, e isso me motiva a evoluir em minha vida espiritual porque sei que meu Pai vive e fala comigo através da oração diariamente e, além de falar, Ele age em meu favor.

DICAS PARA COMEÇAR UMA VIDA DE ORAÇÃO:

1. Comece hoje, usando o que tem e fazendo o que pode;
2. Escolha um local onde haja paz para orar;

3. Escute um louvor antes de começar a orar, prepare a atmosfera e foque sua atenção em Deus;
4. Escolha um trecho da Bíblia para meditar e ouvir Deus falar com você;
5. Faça a sua oração do seu jeito, o hábito de orar fará sua oração evoluir, dia após dia;
6. Escreva suas orações e releia sempre que quiser;
7. Não se esqueça de agradecer a Deus por tudo que Ele faz sempre que orar;
8. Seus ouvidos ficarão mais sensíveis ao mundo espiritual, não ignore isso;
9. Quando o Espírito Santo te acordar de madrugada para orar, levante e obedeça;
10. Livre-se das distrações quando estiver em oração.

Seguindo as dicas, sua vida será transformada pelo poder da oração. Você ficará muito mais sensível à voz do Espírito Santo, saberá orar em todo o tempo e verá o agir de Deus todos os dias.

Lembre-se: a oração é o oxigênio da alma.

CAPÍTULO 9
Jejuando de propósito

NA busca por uma vida com propósito, existem muitas coisas a acrescentar, para encontrar o caminho da nossa missão de vida, e uma delas é o jejum. Afinal, o que é e para que serve o jejum? Essa pergunta será respondida sob a ótica da Palavra, e não sob uma visão religiosa. O jejum normalmente é associado a uma prática religiosa específica, mas não é dessa forma que vamos explicá-lo. O principal objetivo do jejum é você se aproximar de Deus através do espírito, ouvir sua voz com maior clareza e o adorar, enquanto abdica de algo que é completamente humano, como algo que gosta de comer, beber ou um costume diário que o afasta de Deus, como passar horas no celular.

Além do jejum de abdicação, existe o jejum de palavras ofensivas ou atos que você sabe que desagradam a Deus.

Sinceramente, eu não aconselho uma pessoa a jejuar sem antes estar alinhada com Deus em intimidade, porque o jejum deve ser feito em sabedoria, e não apenas porque parece interessante jejuar, isso é coisa séria. Jejuar faz parte de uma vida com propósito, sim, é importante, sim, e deve ser feito com muita seriedade. Jejum espiritual não é dieta, nem uma prática religiosa, ele é uma forma concreta de ter uma vida mais espiritual do que carnal e obter resposta de Deus para uma causa que você sabe que não consegue resolver só.

"Na Bíblia temos textos que falam especificamente sobre jejum, como o caso de Ester:
"Vá reunir todos os judeus que estão em Susã, e jejuem em meu favor. Não comam nem bebam durante três dias e três noites. Eu e minhas criadas jejuaremos como vocês. Depois disso irei ao rei, ainda que seja contra a lei. Se eu tiver que morrer, morrerei".
Mardoqueu retirou-se e cumpriu todas as instruções de Ester". Ester 4: 16-17.

Especificamente no livro de Ester, o jejum foi um clamor a Deus pelo seu povo que corria o risco de ser dizimado pelo ódio que Hamã nutria deles.

Daniel também jejuou após ter uma revelação de uma grande guerra:

"Naquela ocasião eu, Daniel, passei três semanas chorando. Não comi nada saboroso; carne e vinho nem provei; e não usei nenhuma essência aromática, até se passarem as três semanas". Daniel 10:2-3.

Ambos os jejuns citados são feitos em clamor a Deus e obtiveram resposta e revelação do mundo espiritual. Quando uma pessoa decide buscar uma vida com propósito verdadeiramente, o jejum pode ser uma grande ferramenta para se ter experiências particulares com Deus, mas faça jejum se estiver pronto a cumprir até o fim. Comprometa-se com Deus através dessa prática e verá coisas incríveis e inimagináveis acontecerem.

O maior e mais importante jejum da história foi feito por Jesus após João Batista batizá-lo nas águas do Jordão.

"Então foi conduzido Jesus pelo Espírito ao deserto, para ser tentado pelo diabo. E, tendo jejuado quarenta dias e quarenta noites, depois teve fome; E, chegando-se a ele o tentador, disse: Se tu és o Filho de Deus, manda que estas pedras se tornem em pães. Ele, porém, respondendo, disse: Está escrito: Nem só de pão viverá o homem, mas de toda a palavra que sai da boca de Deus. Então o diabo o transportou à cidade santa, e colocou-o sobre o pináculo do templo, e disse-lhe: Se tu és o Filho de Deus, lança-te de aqui abaixo; porque está escrito: que aos seus anjos dará ordens a teu respeito, e tomar-te-ão nas mãos, para que nunca tropeces com o teu pé em alguma pedra. Disse-lhe Jesus: também está escrito: não tentarás o Senhor teu Deus. Novamente o transportou o diabo a um monte muito alto; e mostrou-lhe todos os reinos do mundo, e a glória deles. E disse-lhe: tudo isto te darei se, prostrado, me adorares. Então disse-lhe Jesus: Vai-te, Satanás, porque está escrito: Ao Senhor teu Deus adorarás, e só a ele servirás. Então o diabo o deixou; e, eis que chegaram os anjos, e o serviam". Mateus 4:1-11.

Jesus fez um jejum que está acima da capacidade humana de sobrevivência, Jesus é o filho de Deus e o jejum fez parte do plano do Pai para que pudesse começar o seu ministério público. A importância desse momento é grandiosa, primeiro porque Jesus sabia o quanto era imprescindível estar forte espiritualmente para enfrentar Satanás, segundo porque Jesus estava prestes a executar o plano da salvação da humanidade, e isso iniciou com o batismo nas águas e seguiu com o jejum. É possível compreender a dimensão disso? O fortalecimento de Jesus foi a mortandade da carne, da condição humana em que Ele se encontrava na terra habitando entre os homens.

Um jejum de quarenta dias é temido pelo diabo, sempre, porque remete ao de Cristo. A força espiritual que existe nesse ato é impossível descrever em palavras. Mas um propósito de jejum parcial no período de quarenta dias, este, sim, pode ser feito por humanos comuns como eu e como você. Reflita sobre isso.

Devemos entender que um jejum pode e deve ser feito quando atingimos uma maturidade espiritual, senão ele corre o risco de ser inútil. Se abdicamos de algo por alguns dias e não oramos, o jejum não tem valor, ou ainda se decidimos praticar um jejum e não cumprimos é muito pior do que não realizar. A sabedoria é a chave para a realização dessa prática.

Quando você estiver pronto para jejuar, faça sem hesitar e verá o agir de Deus de forma extraordinária em sua vida.

Esclarecimentos sobre jejum:

1. Nunca use o jejum como moeda de troca, ele não é moeda para comprar bênçãos;
2. Sempre esteja atento à sua saúde, não faça um jejum que afete a sua saúde;
3. Jejue parcialmente e não por um dia inteiro, e nesse caso os jejuns podem até ser mais prolongados;
4. Planeje um jejum que seja de dificuldade moderada para você;
5. Comece devagar;
6. Mantenha seus olhos em Deus ao jejuar;
7. Combine com o Senhor e cumpra;
8. Último e mais importante esclarecimento: obedeça ao que Jesus falou:

> "Tu, porém, quando jejuares, unge a cabeça e lava o rosto, com o fim de não parecer aos homens que jejuas, e sim ao teu Pai, em secreto; e teu Pai, que vê em secreto, te recompensará". Mateus 6:17.

MINHAS EXPERIÊNCIAS COM O JEJUM

Eu nunca havia jejuado em minha vida até poucos anos atrás quando iniciei esta prática, e, desde que comecei, não parei mais. Meus jejuns, chamo de meus porque são muito particulares, foram uma grande arma contra o mal e entendi isso só após praticar em espírito e em verdade. O primeiro jejum que fiz foi muito difícil, eu jejuei por alguns dias de algo que eu gosto muito, o chimarrão. Como boa gaúcha, o chimarrão faz parte da minha vida desde os 11 ou 12 anos quando aprendi a fazer e a tomar com minha avó. A bebida, que é composta de erva mate e água quente, não é só um chá, é um hábito composto de amor e regado a longas conversas. Quando eu decidi deixar de tomar chimarrão em favor de um propósito com Deus, não imaginei que seria tão sofrido. Sabe por que é difícil? Porque nossa carne milita com o espírito, em todo o tempo. Nós, como humanos que somos, desejamos fartura, desejamos comer e tomar o que gostamos, desejamos estar numa situação de conforto total porque nossa condição humana exige isso de nós. Quando decidimos matar a carne humana para termos momentos espirituais, a carne, como fraca que é, grita!

Esse primeiro jejum que eu fiz foi para obter direção de Deus quando Ele me revelou o Ministério Mulheres com Propósito. Eu queria trabalhar para Jesus, já sabia que seria com mulheres e também tinha uma vaga ideia do que eu queria fazer, mas eu precisava que isso iniciasse pela direção do Espírito Santo, e não por minha vontade pessoal ou aspiração de uma vida ministerial. O jejum consistia em ficar sete dias sem tomar chimarrão e nesse período praticar mais oração e mais meditação na Palavra de Deus, sempre pedindo que Deus, em sua infinita misericórdia, me revelasse se eu estava no caminho certo.

Na segunda noite da semana de jejum eu tive um sonho, vou abrir um espaço para declarar que é raro para mim sonhar (dormindo, é claro, porque acordada sonho o tempo todo) e lembrar do que sonhei, mais raro ainda é ter a visão do sonho em minha mente como se fosse real, totalmente real. No sonho eu estava caminhando e comigo estavam mais pessoas da minha família andando na mesma direção. De repente, me vi em uma direção diferente e me peguei observando alguns lagos, eram três lagos e as águas estavam paradas, em total estagnação. Assim que fixei o olhar neles, as águas remexeram numa velocidade extraordinária e eu vi peixes, muitos peixes saltando da água, grandes e pequenos, borbulhando em todas as direções em alta velocidade. Eu fiquei ali observando aqueles peixes e eu me via tão feliz, era como se eles me preenchessem de alguma forma ou fizessem parte da minha vida. Eu estava boquiaberta os vendo saltar para fora da água e mergulhando de novo rapidamente. A agitação da água era tamanha que me deixou perplexa e, então, eu acordei. Imediatamente me ajoelhei em oração, ainda tendo uma das maiores experiências sobrenaturais da minha vida, Deus me respondeu: filha, os peixes são as almas, o peixe é a vida, são muitas vidas que eu irei colocar em teu caminho para que você seja a luz, para que você seja o farol, que as traga para mim.

Essa experiência mudou completamente a minha visão sobre o jejum. Ele foi o leme do barco que me levou a um mergulho mais profundo com Deus. Por isso que eu afirmo que jejum é uma prática forte, para ser feita por motivos específicos e quando você já tiver ciência do seu relacionamento com Deus. Jejum não é barganha e não é para ser feito em tal época do ano porque tradicionalmente outros também o fazem.

Jejum é prática espiritual e, quando você compreender isso, pode jejuar. Certamente sua vida mudará depois disso.

CAPÍTULO 10
Vivendo seu propósito

Até aqui aprendemos como buscar nosso propósito e também como identificá-lo, mas há algo muito importante que não pode deixar de ser dito: tudo em sua vida depende de você. Existem coisas que ninguém pode fazer por nós e uma delas é ser protagonista de nossa história. Quando se toma a decisão de viver uma vida com propósito e se busca isso com coragem e ousadia, nada vai nos impedir de conquistar isso.

Há uma frase que diz:
Os dias mais importantes de nossas vidas
são: o dia em que nascemos e o dia em que
descobrimos o porquê.

Isso significa que saber o real motivo de nossa existência é primordial.

Vamos parar para pensar sobre a vida, a existência humana, o ser humano é criatura de Deus, sem Deus nada que o ser humano faça vai fazer sentido absoluto e por isso existem tantas pessoas com um vazio profundo na alma, procurando em todos os lugares a paz que só Jesus pode dar. Saber o motivo pelo qual Deus nos criou dá sentido à vida e a busca por tudo que não vem Dele termina.

Uma busca pelo sentido da vida sem Deus, lamento, mas não faz sentido.

O que precisamos entender é que não é necessário trabalhar em demasia, é urgente e necessário trabalhar certo, trabalhar pelo que vai transbordar através de cada um de nós neste mundo. Uma vida com propósito nunca é vazia ou duvidosa, ela é radiante e preciosa. Um propósito direciona a vida e aponta o caminho certo.

Pense em determinadas pessoas que você conhece, aquelas que você sabe que são diferentes, mas muitas vezes não identifica o porquê. Existem pessoas que saltam aos olhos, elas emitem uma luz incomparável e podem ser vizinhas ou colegas, pessoas "normais" e o que há nelas que emite esse fascínio? O que é esse brilho que salta aos olhos? Por que essa pessoa normalmente incomoda a muitos? Porque existe algo chamado *o brilho do Espírito Santo* e esse brilho acompanha milhares de pessoas comuns que aceitaram esse brilho e o receberam de todo coração. Você quer isso para a sua vida? Se sim, siga a leitura, se não ou talvez, recomendo parar imediatamente, porque esta leitura pode ser prejudicial à sua mente.

NAS TREVAS BRILHOU A LUZ DE JESUS!

Um ótimo exemplo do que estamos falando está na passagem bíblica da mulher samaritana:

> "Os fariseus ouviram falar o que Jesus estava fazendo e batizando mais discípulos do que João, embora não

fosse Jesus quem batizasse, mas os seus discípulos. Quando o Senhor ficou sabendo disso, saiu da Judeia e voltou uma vez mais à Galileia. Era-lhe necessário passar por Samaria. Assim, chegou a uma cidade de Samaria, chamada Sicar, perto das terras que Jacó dera a seu filho José. Havia ali o poço de Jacó. Jesus, cansado da viagem, sentou-se à beira do poço. Isto se deu por volta do meio-dia. Nisso, veio uma mulher samaritana tirar água. Disse-lhe Jesus: 'Dê-me um pouco de água'. A mulher samaritana lhe perguntou: 'Como o senhor, sendo judeu, pede a mim, uma samaritana, água para beber?'. Jesus lhe respondeu: 'Se você conhecesse o dom de Deus e quem está pedindo água, você lhe teria pedido e dele receberia água viva'. Disse a mulher: 'O senhor não tem com que tirar água, e o poço é fundo. Onde pode conseguir essa água viva? Acaso o senhor é maior do que o nosso pai Jacó, que nos deu o poço, do qual ele mesmo bebeu, bem como seus filhos e seu gado?'. Jesus respondeu: 'Quem beber desta água terá sede outra vez, mas quem beber da água que eu lhe der nunca mais terá sede. Ao contrário, a água que eu lhe der se tornará nele uma fonte de água a jorrar para a vida eterna'. A mulher lhe disse: 'Senhor, dê-me dessa água, para que eu não tenha mais sede, nem precise voltar aqui para tirar água'. Ele lhe disse: 'Vá, chame o seu marido e volte'. 'Não tenho marido', respondeu ela. Disse-lhe Jesus: 'Você falou corretamente, dizendo que não tem marido. O fato é que você já teve cinco; e o homem com quem agora vive não é seu marido. O que você acabou de dizer é verdade'.

Disse a mulher: 'Senhor, vejo que é profeta. Nossos antepassados adoraram neste monte, mas vocês, judeus, dizem que Jerusalém é o lugar onde se deve adorar'. Jesus declarou: 'Creia em mim, mulher: está próxima a hora em que vocês não adorarão o Pai nem neste monte, nem em Jerusalém. Vocês, samaritanos, adoram o que não conhecem; nós adoramos o que conhecemos, pois a salvação vem dos judeus. No entanto, está chegando a hora, e de fato já chegou, em que os verdadeiros adoradores adorarão o Pai em espírito e em verdade. São estes os adoradores que o Pai procura. Deus é espírito, e é necessário que os seus adoradores o adorem em espírito e em verdade'. Disse a mulher: 'Eu sei que o Messias (chamado Cristo) está para vir. Quando ele vier, explicará tudo para nós'. Então Jesus declarou: 'Eu sou o Messias! Eu, que estou falando com você'. Naquele momento, os seus discípulos voltaram e ficaram surpresos ao encontrá-lo conversando com uma mulher. Mas ninguém perguntou: 'Que queres saber?' ou: 'Por que estás conversando com ela?'. Então, deixando o seu cântaro, a mulher voltou à cidade e disse ao povo: 'Venham ver um homem que me disse tudo o que tenho feito. Será que ele não é o Cristo?'.
E disseram à mulher: 'Agora cremos não somente por causa do que você disse, pois nós mesmos o ouvimos e sabemos que este é realmente o Salvador do mundo'." João 4:1-42.

Essa mulher brilhou a luz do Espírito. Primeiro ela percebeu que Jesus era diferente, depois ela ouviu Jesus e entendeu quem Ele era, ela entregou sua alma ao Pai em Espírito e em verdade, sem máscaras, ela quis receber Jesus no coração, estava apta, de portas abertas.

Você consegue perceber que independente da vergonha de ser de um povo rejeitado, de viver em pecado com um homem que não era seu marido, e para a época ser uma mulher a falar com um judeu era uma afronta, ela desafiou a tudo isso e quis beber da fonte de água viva que é a pessoa de Jesus? Isso é deixar o brilho do Espírito entrar em sua vida e ser uma pessoa que reflete a luz de Jesus. As pessoas que fazem isso são os verdadeiros adoradores e também são pessoas comuns, a diferença está na vontade de receber Cristo em espírito e em verdade.

Para viver o seu propósito em totalidade, é importante que você abra a porta para Jesus entrar em seu coração e o aceite verdadeiramente. Ao fazer isso, um novo caminho se abrirá diante de você e Deus lhe revelará o caminho a seguir, basta crer.

Meu desejo é que todos que estiverem com esta obra nas mãos utilizem de todos os meios demonstrados nela para encontrar sua missão nesta jornada chamada vida. Mas tenho que ser sincera, depende do leitor. Nada que eu disser vai te convencer a buscar sentido para sua vida se você não quiser. Existem pessoas inteligentíssimas, com potenciais acima da média, mas que estão enterradas em uma vida medíocre simplesmente porque não conseguem iniciar um processo de busca pela vida plena. É o livre arbítrio, ele é real e as atitudes de hoje são as sementes para sua colheita de amanhã. Sem plantio, não há safra. Lamento se te decepciono, mas garanto: Deus não fará nada que seja a sua parte.

O Senhor fará o impossível por você, mas o possível é contigo. Deus não escolhe os capacitados, Ele capacita os escolhidos.

Quando você viver plenamente o que Deus sonhou para você, entenderá o sentido da vida. Deus escolhe cada um para cumprir uma missão e se você não sabe qual é, fica vagando pela vida, sobrevivendo aos seus dias ruins, a um emprego ruim, à monotonia de uma busca infinita por algo que não sabe o que é.

Agora, tenha certeza absoluta de que, quando você trabalhar para a sua missão, para o seu propósito, o trabalho será tão valoroso como um início de namoro e tão precioso quanto o nascimento de um filho, ele será seu alimento diário para viver e para ajudar as pessoas que se beneficiarão disso. Fato é: não existe propósito sem bem comum, quando você estiver em cumprimento ao plano de Deus, você ajudará pessoas, de uma forma ou de outra.

Dê o primeiro passo em direção à vida que o Senhor sonhou para você!

CAPÍTULO 11
Mulheres com propósito

Vamos conhecer vidas de mulheres com propósito que nos inspiram a crer que também vamos viver o nosso. Por que mulheres? Porque o foco do meu trabalho para Deus é com as mulheres, vejo-as perdidas, sem rumo, sem direção na vida. Sinto que é necessário mostrar às pessoas, especialmente às mulheres, que todos, independentemente do sexo, são especiais e relevantes. Os testemunhos de vida citados a seguir são resultantes de vidas impactadas pelo seu propósito. O interessante de cada história que você lerá é que todas eram pessoas como eu ou você, mas se tornaram relevantes porque saltaram nos braços de Deus como uma criança salta nos braços do Pai, sem medo.

Os primeiros exemplos citados serão mulheres com propósito citadas nas escrituras. Mulheres tão reais quanto eu e você, mas que ousaram viver a vida que o Senhor planejou para elas. Elas foram felizes o tempo todo? Não, ninguém é, mas elas viveram uma vida relevante e é isso que vamos buscar para nós ao fechar a última página deste livro.

Vou fazer um pedido: que a sua leitura seja despida de preconceitos, sabe por quê? Porque normalmente quando falamos em mulheres temos a visão de seus erros antes de entender sua história. As mulheres tiveram um papel muito importante para Jesus e em momento algum Ele as diminuiu, tanto que escolheu uma mulher, Maria Madalena, para ser a primeira testemunha da ressurreição.

Que ao ler as histórias a seguir, sejamos mulheres com propósito, mulheres em ação! Mulheres que lutam para ter uma vida relevante para Deus!

RAABE, A MERETRIZ QUE QUIS CONHECER O DEUS MISERICORDIOSO DOS ISRAELITAS.

No início do livro de Josué, quando o povo hebreu estava prestes a conquistar Canaã, a terra prometida, Raabe é citada na Bíblia.

> "E Josué, filho de Num, enviou secretamente, de Sitim, dois homens a espiar, dizendo: Ide reconhecer a terra e a Jericó. Foram, pois, e entraram na casa de uma mulher prostituta, cujo nome era Raabe, e dormiram ali". Josué 2:1.

Ao citar Raabe, a palavra prostituta vem antes do nome dela, ou seja, ela era uma mulher pecadora que vivia da prostituição e esse rótulo era tão pesado que era como se fosse um primeiro nome. Uma prostituta é uma mulher que serve ao homem, seus desejos carnais e é vista como a escória da sociedade. A maioria das mulheres nessa condição sentem-se imundas, indignas de um olhar amigo, são fortemente traumatizadas e infelizes. Agora, transporte isso para os tempos bíblicos do antigo testamento, no qual a mulher já era, por si só, rotulada como um ser inferior ao homem. Só agora imagine Raabe, que esperança você acha que essa mulher tinha? Que chance você acha que ela tinha de ter uma vida, pelo menos, normal? Ela, como prostituta e moradora de Jericó, uma cidade tomada pela idolatria e práticas religiosas repugnantes. Provavelmente ela era uma mulher marcada pelo sofrimento, vivendo nesta cidade aproximadamente 1.400 anos antes de Cristo. Jericó era habitada pelos cananeus, tendo um Rei perverso e um exército poderoso, coloque Raabe nesse cenário. Eu a vejo como uma mulher sem esperança, mas percebo dentro dela uma certeza: que há um Deus que poderia lhe dar uma nova vida, o tão falado e poderoso Deus do povo hebreu. Jericó era uma cidade forte, bem guardada e protegida; como um grupo de ex-escravos do Egito, os hebreus, poderia dominar uma cidade como essa? Por que Raabe acreditou neles? Ela viu nesses "soldados espiões" a esperança viva, a chama de Deus, ela acreditou que eles iriam tomar a cidade pelo poder do seu Deus e o seu Deus era a esperança viva que ela esperava.

Ao receber em sua casa os israelitas, Raabe temeu a Deus, o Deus vivo de que tanto se ouvira falar, que fez maravilhas por esse povo. Em momento algum Raabe hesitou em ajudar os espias que Deus enviou para ver a cidade de Jericó, ao contrário, ela não só os recebeu, como os ajudou, correndo risco de vida. Raabe os escondeu e pediu que, quando eles guerreassem na cidade, poupassem a sua vida e a vida dos seus pais e irmãos. Ela nunca duvidou que Deus agiria através daqueles homens e também não duvidou da vitória garantida aos hebreus por intermédio do Deus vivo. Ela teve sede desse Deus, quis ardentemente conhecê-lo. É muito importante lembrar que Deus vê o coração, Ele não enxerga como os homens.

> "Não atentes para a sua aparência, nem para a grandeza da sua estatura, porque o tenho rejeitado; porque o Senhor não vê como vê o homem, pois o homem vê o que está diante dos olhos, porém o Senhor olha para o coração". 1 Samuel 16:7.

Essa mulher foi muito corajosa, ela teve fé. Se analisarmos a história, o que levaria alguém a desobedecer ao seu próprio Rei em favor de estranhos? Homens que ela nunca havia visto foram ajudados por ela, por quê? Porque ela creu no Deus vivo, no Deus que abriu o mar, ela ouviu falar das suas maravilhas e quis provar da sua graça. A história de Raabe revela que o Senhor se move em favor dos seus e que não há redenção que seja impossível para Ele.

Não há dúvidas de que Raabe era uma mulher inteligente. Essa mulher demonstrou um conhecimento impressionante da história do povo israelita e de seu Deus vivo, do qual ela teve temor sem hesitar. Também é importante observar que Raabe teve discernimento espiritual, pois reconheceu a disparidade entre o Deus de Israel e os outros deuses a quem o seu povo servia. A fé dessa mulher era completamente incomum, inclusive no povo hebreu, é a fé que Deus admira e honra.

Raabe tanto foi honrada por Deus que fez parte do plano Dele para a vinda de Jesus. Ele escolheu ascender humanamente de uma linhagem da qual fez parte a prostituta, a estrangeira e a adúltera, redimindo suas histórias, salvando suas vidas e transformando-as para a glória de Seu próprio nome.

Os espias poderiam ter entrado em outra casa, mas o Senhor escolheu escrever essa história dessa maneira para nos fazer entender que não há distâncias que Ele não percorra para alcançar os seus. Deus não busca pessoas perfeitas para usar, Ele sonda o coração sincero e arrependido. Não há dúvida de que Raabe agradou a Deus e se arrependeu dos seus pecados, porque ela foi a mãe de Boaz, que casou com Rute, bisavô do Rei Davi. A mesma genealogia da qual nasceu Jesus.

Jesus foi claro ao afirmar que meretrizes e publicanos entrariam no reino do céu antes de fariseus, porque eles se arrependeram e creram.

> "Mas, que vos parece? Um homem tinha dois filhos, e, dirigindo-se ao primeiro, disse: filho, vai trabalhar hoje na minha vinha. Ele, porém, respondendo, disse: não quero. Mas depois, arrependendo-se, foi. E, dirigindo-se ao segundo, falou-lhe de igual modo; e, respondendo ele, disse: eu vou, senhor; e não foi. Qual dos dois fez a vontade do pai? Disseram-lhe eles: o primeiro. Disse-lhes Jesus: em verdade vos digo que os publicanos e as meretrizes entram adiante de vós no reino de Deus". Mateus 21:28-31.

Raabe é um exemplo de como tomar decisões pela direção do Espírito Santo e manter-se firme nelas, mesmo que isso exija oposição a muitas coisas ou pessoas que estejam à sua volta.

Hoje podemos estar vivendo uma história completamente avessa ao plano original de Deus para a nossa vida, mas Raabe prova que podemos voltar e recomeçar agora, nos arrepender e buscar o nosso propósito e finalmente viver a vida que Deus planejou para nós.

O que você aprendeu com Raabe?

ESTER, A BELA ISRAELITA QUE SE TORNOU RAINHA

As mulheres dos tempos bíblicos muitas vezes são vistas como frágeis em um universo de homens fortes. Porém, alguns estudos revelam que existiram mulheres extremamente influentes em seu povo e uma dessas mulheres, certamente, foi Ester.

Ester foi uma criança órfã criada por Mardoqueu, que, segundo as escrituras, era um parente mais velho. Evidências mostram que Mardoqueu era primo de Ester. Ela pertencia ao povo de Israel, o povo escolhido por Deus que vivia tempos difíceis naquela época. Os israelitas estavam sendo dizimados, dia após dia, seguindo deuses estranhos de outros povos e rebelando-se contra o seu Deus vivo e verdadeiro. Ester faz parte da obra de Deus na história, ela viveu o propósito de Deus para a sua vida e salvou o povo da aniquilação total.

Ester comprova que, ainda que estejamos em um mundo hostil, Deus nunca estará ausente.

O período em que ela viveu era marcado pelo domínio persa, no qual reinava o Rei Assuero que governou até 465 a.C. Ester vivia na cidade de Susã, junto ao seu povo, levados cativos, e a sua história é um relato de encorajamento em um tempo de hostilidade. O povo hebreu estava exilado na Pérsia, levado cativo e mantido como povo inferior e escravo, após a tomada de Jerusalém pelos persas.

Ester era uma jovem muito bonita e graciosa e também era uma mulher de grande ousadia e coragem. Ela participou de um concurso no qual a mais bela seria escolhida Rainha, após uma afronta que a antiga rainha havia feito ao Rei. Ester foi escolhida a nova rainha e reinou com sabedoria, porque esperou o momento certo para contar que era uma mulher pertencente ao povo judeu.

O propósito de Deus para sua vida

Hamã, um influente homem no reino do rei Assuero, pretendia matar todos os judeus. Ester, já escolhida rainha, precisou agir em favor do seu povo junto ao Rei, correndo risco de vida para salvar os seus da morte.

Algo importante a contar sobre Ester é que ela, além de corajosa, buscou ajuda de Deus através do jejum. Ela não comeu nem bebeu por três dias para manter-se espiritualmente forte para revelar o plano do seu adversário e salvar o povo israelita. O rei amou Ester e a ouviu, declarou que o povo vivesse e este era o propósito de Deus para a vida de Ester: ela crescer e viver naquele tempo e lugar salvando o povo do extermínio.

> "Porque, se de todo te calares neste tempo, socorro e livramento de outra parte sairá para os judeus, mas tu e a casa de teu pai perecereis; e quem sabe se para tal tempo como este chegaste a este reino?" Ester 4:14.

Na escrita mencionada, do livro de Ester no Antigo Testamento, Mardoqueu declara que Ester havia nascido e se tornado rainha por este propósito: salvar o seu povo da morte. Ester era a peça chave da história para a vida de muitos. Esse era o propósito de vida dela, esse era o plano de Deus para a vida dela. E se Ester não tivesse sido corajosa o suficiente para participar da escolha da nova rainha? E se ela tivesse tomado atitudes impensadas sem sabedoria e sem submissão a Deus através do jejum? Certamente diante dessas afirmações Ester não teria cumprido o seu propósito, se ela não tivesse sido corajosa e obediente o suficiente para aceitar e cumprir a vontade de Deus.

Você já pensou na relevância da sua vida? A sua vida pode ser relevante para muitas pessoas, não a desperdice. Poderá haver um momento no qual a sua decisão influenciará muitas pessoas, seja corajosa!

Ester foi líder, obedeceu, foi fiel a Deus. Ester aceitou a vontade de Deus e confiou na providência divina. Sem hesitar, Ester colocou o seu plano em ação, com o qual a sua influência revelou poder e autoridade extraordinárias a uma mulher no seu contexto histórico.

O que você aprendeu com Ester?

_____
_____
_____
_____
_____
_____
_____
_____
_____
_____
_____
_____

MARIA MADALENA, AQUELA QUE JESUS LIBERTOU DE SETE DEMÔNIOS. UMA MULHER RICA QUE PRECISAVA DE LIBERTAÇÃO.

Maria Madalena vivia em Magdala, às margens do mar da Galileia, um importante centro comercial na época. Estudos históricos indicam que ela foi uma mulher rica, mas com a vida arruinada pela ação de sete demônios que a atormentavam. Pelo que se sabe sobre Maria Madalena, ela vivia num local onde viviam pessoas de posses e instruídas. A maior característica dessa mulher foi a fidelidade, porque, após encontrar Jesus face a face, ela teve a vida transformada por Ele. Maria foi uma discípula fiel até o fim de sua vida. O que Maria viveu foi tão grandioso que ela mudou completamente. Ela experimentou a verdadeira libertação.

> "E também algumas mulheres que haviam sido curadas de espíritos malignos e doenças: Maria, chamada Madalena, de quem haviam saído sete demônios". Lucas 8:2.

Ao iniciar este capítulo, pedi que sua leitura fosse sem preconceitos e um dos motivos era exatamente esse trecho do livro. Como seria a vida de uma pessoa atormentada por sete demônios? Você realmente acredita que existe só o que se pode ver? De fato, não. O reino espiritual existe, com ou sem a sua decisão de crer nele, mas garanto que o fato de crer nele te dará armas para lutar contra os verdadeiros inimigos do ser humano, Satanás e seu time de demônios. Muitas pessoas não creem na existência de um mundo espiritual, ou somente não o conhecem. Vamos começar do princípio e dar uma ideia do que é este mundo para que, a partir de agora, você entenda que o que os seus olhos físicos veem não é somente o que existe. Seria muito amador de minha parte crer que eu posso contemplar tudo com os meus olhos. A vida de Maria Madalena nos dá um respaldo para falar sobre a ação que satanás pode ter sobre um ser humano a ponto de destruí-lo.

> "Brilhante estrela da manhã, você caiu lá do céu! Você, que dominava as nações, foi derrubado no chão!
> Antigamente você pensava assim: 'Subirei até o céu e me sentarei no meu trono, acima das estrelas de Deus. Reinarei lá longe, no Norte, no monte onde os deuses se reúnem. Subirei acima das nuvens mais altas e serei como o Deus Altíssimo'." Isaías 14:12-14.

Assim o anjo Lúcifer (que significa aquele que brilha) se rebelou contra Deus e deu início à batalha espiritual. Não há méritos nele ou em seus nomes, apenas indico o livro *Rastros do Oculto*, de Daniel Mastral, caso queira saber mais sobre o assunto.

O que importa neste capítulo é que você saiba que a luta não é contra as pessoas, mas contra Satanás e seus demônios, que eram anjos antes de serem expulsos do céu por causa da sua maldade. Daí a origem da afirmação "anjos caídos". Os demônios espreitam o ser humano, se aproveitam de suas fraquezas e podem dominar suas vidas, se ele não lutar pela sua libertação. Naturalmente, a guerra é real. As leis que regem o reino espiritual são muito diferentes das que regem o reino físico. Deus habita no mundo espiritual, por esse motivo não o vemos com nossos olhos carnais. Mas temos muitas provas da sua ação no mundo que vemos. A carta que o apóstolo Paulo escreveu aos Efésios, especialmente no capítulo 6, orienta que seja usada a armadura de Deus para estar firme contra as astutas ciladas do diabo.

> "Revesti-vos de toda a armadura de Deus, para que possais estar firmes contra as astutas ciladas do diabo. Porque não temos que lutar contra a carne e o sangue,

mas, sim, contra os principados, contra as potestades, contra os príncipes das trevas deste século, contra as hostes espirituais da maldade, nos lugares celestiais. Portanto, tomai toda a armadura de Deus, para que possais resistir no dia mau e, havendo feito tudo, ficar firmes. Estai, pois, firmes, tendo cingidos os vossos lombos com a verdade, e vestida a couraça da justiça; e calçados os pés na preparação do evangelho da paz; tomando sobretudo o escudo da fé, com o qual podereis apagar todos os dardos inflamados do maligno. Tomai também o capacete da salvação, e a espada do Espírito, que é a palavra de Deus". Efésios 6:11-17.

Como você poderia crer em Deus sem crer no mundo espiritual? Para abrir sua mente, citarei alguns exemplos da ação de Deus movendo o sobrenatural na Terra:
- Abertura do mar vermelho;
- Pastores de ovelhas vendo anjos louvando o nascimento de Jesus;
- Ressurreição de Lázaro;
- Vinda de Jesus, sua morte e ressurreição.

Entre muitos outros exemplos citados no manual de instruções do ser humano, a Bíblia.

Maria Madalena era uma mulher atormentada por demônios, ou seja, tinha a vida dirigida por eles, o que pode acarretar muitas coisas, mas, basicamente, Satanás vem destruir a vida humana, então, entende-se que ela sofria muito tentando se libertar dessa luta espiritual. Muitas coisas que ocorrem na vida de uma pessoa podem ser oriundas da ação de demônios.

Imagino que você possa estar se perguntando "mas o que Maria Madalena fez para que esses sete demônios a atormentassem?" Grave isto: uma vida longe de Deus deixa brechas para que o diabo aja. Toda vez que uma pessoa se aproxima do pecado, ela está se aproximando de Satanás e seus demônios.

Ao ter um encontro com Jesus, Maria Madalena foi liberta da ação dos demônios e teve a vida completamente restaurada. Essa restauração foi tão tremenda que Maria largou tudo para seguir Jesus, imagino o quão forte foi essa experiência para essa mulher. Ela não tinha paz, não dormia tranquila, não vivia uma vida livre e normal. Após ver Jesus face a face tudo mudou, a paz que excede o entendimento que só Ele pode dar, Maria experimentou em abundância e viveu plenamente o propósito de Deus para ela, o plano original que Deus sonhou antes da sua formação no ventre de sua mãe. Sabemos que Maria Madalena seguiu Jesus até o fim, esteve com Ele aos pés da cruz e, após sua ascensão ao céu, ela levou o evangelho a muitos lugares do mundo. Maria Madalena pode ter sido a pessoa que derramou a última lágrima ao ver Jesus morrer, ela foi até o fim, sem temor. Ela sabia que Ele era o seu salvador, o seu redentor, ela foi grata a Jesus e viveu sua vida com gratidão após a libertação. Quando Jesus ressuscitou, quem o viu ressurreto pela primeira vez? Maria Madalena.

> "E no primeiro dia da semana, Maria Madalena foi ao sepulcro de madrugada, sendo ainda escuro, e viu a pedra tirada do sepulcro. Correu, pois, e foi a Simão Pedro, e ao outro discípulo, a quem Jesus amava, e disse-lhe: 'Levaram o Senhor do sepulcro e não sabemos onde o puseram.' Então Pedro saiu com o outro discípulo, e foram ao sepulcro. E os dois corriam juntos, mas o outro discípulo correu mais apressadamente do que Pedro, e chegou primeiro ao sepulcro. E, abaixando-se, viu no chão os lençóis; todavia não entrou. Chegou, pois, Simão Pedro, que o seguia, e entrou no sepulcro, e viu no chão os lençóis, e que o lenço que tinha estado sobre a sua cabeça não estava com os lençóis, mas enrolado num

lugar à parte. Então entrou também o outro discípulo, que chegara primeiro ao sepulcro, e viu, e creu. Porque ainda não sabiam a Escritura, que era necessário que ressuscitasse dentre os mortos. Tornaram, pois, os discípulos para casa. E Maria estava chorando fora, junto ao sepulcro. Estando ela, pois, chorando, abaixou-se para o sepulcro. E viu dois anjos vestidos de branco, assentados onde jazera o corpo de Jesus, um à cabeceira e outro aos pés. E disseram-lhe eles: 'Mulher, por que choras?' Ela lhes disse: 'Porque levaram o meu Senhor, e não sei onde o puseram.' E, tendo dito isto, voltou-se para trás, e viu Jesus em pé, mas não sabia que era Jesus. Disse-lhe Jesus: 'Mulher, por que choras? Quem buscas?' Ela, cuidando que era o hortelão, disse-lhe: 'Senhor, se tu o levaste, dize-me onde o puseste, e eu o levarei.' Disse-lhe Jesus: 'Maria!' Ela, voltando-se, disse-lhe: 'Raboni, que quer dizer: Mestre.' Disse-lhe Jesus: 'Não me detenhas, porque ainda não subi para meu Pai, mas vai para meus irmãos e dize-lhes que eu subo para meu Pai e vosso Pai, meu Deus e vosso Deus.' Maria Madalena foi e anunciou aos discípulos que vira o Senhor, e que ele lhe dissera isto". João 20:1-18.

Após a libertação de Maria Madalena, ela teve a vida abundante que Jesus promete em sua palavra (João 10:10) e viveu plenamente, ela deve ter tomado banho de chuva, deve ter sorrido abertamente, deve ter dormido até mais tarde em paz, além de trabalhar para Jesus até o fim da sua vida na terra. "Portanto, submetam-se a Deus. Resistam ao diabo, e ele fugirá de vocês". Tiago 4:7.

Citado anteriormente está o segredo para a proteção espiritual: quanto mais próxima uma pessoa estiver de Deus, mais longe do diabo ela estará.

O que você aprendeu com Maria Madalena?

O propósito de Deus para sua vida

MARIA DE NAZARÉ, AQUELA QUE TINHA FORÇA SUFICIENTE PARA GERAR O FILHO DE DEUS.

Uma mulher à frente do seu tempo. Essa frase resume Maria, a mãe de Jesus. Ela é citada nos evangelhos como uma mulher capacitada para gerar e cuidar de Jesus em sua vida terrena e é importante dizer que isso foi primordial para que Jesus cumprisse o plano de salvação. Maria foi corajosa o suficiente para dizer sim a Deus e participar ativamente do plano para a salvação da humanidade através de Jesus. Maria foi uma mulher com propósito e sua missão era gerar e cuidar do Salvador. A missão de Maria foi a mais difícil missão que uma mãe pode ter: ver o seu filho morrer a morte mais cruel que já existiu para salvar a todos. Após a dificuldade, os olhos dessa mãe contemplaram o sobrenatural de Deus vendo o filho ressurreto.

A primeira experiência sobrenatural de Maria ocorreu na adolescência, quando ela viu o anjo do Senhor. Como será viver algo tão grandioso assim?

"E, no sexto mês, foi o anjo Gabriel enviado por Deus a uma cidade da Galileia, chamada Nazaré, a uma virgem desposada com um homem, cujo nome era José, da casa de Davi; e o nome da virgem era Maria. E, entrando o anjo onde ela estava, disse: 'Salve, agraciada; o Senhor é contigo; bendita és tu entre as mulheres.' E, vendo-o, ela turbou-se muito com aquelas palavras, e considerava que saudação seria esta. Disse-lhe, então, o anjo: 'Maria, não temas, porque achaste graça diante de Deus. E eis que em teu ventre conceberás e darás à luz um filho, e pôr-lhe-á o nome de Jesus. Este será grande, e será chamado filho do Altíssimo; e o Senhor Deus lhe dará o trono de Davi, seu pai; E reinará eternamente na casa de Jacó, e o seu reino não terá fim'." Lucas 1:26-33.

Maria de Nazaré era uma jovem mulher quando o anjo do Senhor apareceu para ela, certamente Deus já a havia escolhido porque sabia que ela seria capaz de cumprir a sua parte no plano Dele. Maria foi parte importante na passagem de Jesus pela vida humana, mesmo sabendo quem Ele era, ela foi mãe, cuidou e amparou seu filho em todos os momentos em que Jesus foi para ela somente o seu filho, o seu bebê, o seu menino.

Maria não hesitou em cumprir sua missão, com coragem ela obedeceu. Maria cumpriu o seu propósito de vida pela obediência. Foi firme e forte como poucas pessoas talvez seriam e contemplou o plano de salvação da humanidade do início ao fim. Combateu o bom combate, acabou a carreira e guardou a fé (2 Tm 4:6).

Maria gerou e criou o filho de Deus com muito amor, zelo e sabedoria. Ela era a mulher certa para cumprir esse propósito, tamanha a sua obediência ao Senhor. Ela sabia que Jesus veio para salvar a humanidade e entendeu cada etapa da vida dele, observou com atenção cada fase e esteve ao seu lado em todo o tempo. Nota-se também que Maria fez o pedido para Jesus realizar o primeiro milagre em uma festa de casamento.

"Três dias depois, celebravam-se bodas em Caná da Galileia, e achava-se ali a mãe de Jesus. Também foram convidados Jesus e os seus discípulos. Como viesse a faltar vinho, a mãe de Jesus disse-lhe: 'Eles já não têm vinho.' Respondeu-lhe Jesus: 'Mulher, isso compete a nós? Minha hora ainda não chegou.' Disse, então, sua mãe aos serventes: 'Fazei o que ele vos disser.' Ora, achavam-se ali seis talhas de pedra para as purificações dos judeus, que continham cada qual duas ou três medidas. Jesus ordena-lhes: 'Enchei as talhas de água.' Eles encheram-nas até em cima. 'Tirai agora', disse-lhes Jesus, 'e levai ao chefe dos serventes.' E levaram. Logo que o chefe dos serventes provou da água tornada vinho, não sabendo de onde era (se bem que o soubessem os serventes, pois tinham tirado a água), chamou o noivo e disse-lhe: 'É costume servir primeiro o vinho bom e, depois, quando os convidados já estão quase embriagados, servir o menos bom. Mas tu guardaste o vinho melhor até agora.' Este foi o primeiro milagre de Jesus; realizou-o em Caná da Galileia. Manifestou a sua glória, e os seus discípulos creram nele". João 2:1-11.

A história de Maria nos remete à obediência e à coragem de uma mulher que cumpriu o plano de Deus sem hesitar e sem duvidar. Quando a sua missão nesta terra parecer difícil, lembre-se de Maria e siga adiante. Deus conhece seus melhores soldados e a eles dá as maiores batalhas.

O que você aprendeu com Maria?

ANA, A MULHER QUE CLAMOU AO SENHOR.

Ana foi uma mulher comum, com uma vida comum para o seu tempo, até a tentativa de ter um filho. Ana foi amada por seu marido, Elcana, e ela também o amava, mas ela era estéril. Por esse motivo, talvez, Elcana tenha também se casado com Penina, para que esta lhe gerasse filhos. Na época de Ana, a linhagem de um homem era muito importante. Quando uma esposa não gerava filhos, os homens casavam-se novamente na tentativa de terem descendentes. A poligamia era comum, mesmo não sendo o modelo de casamento que o Senhor aprova.

> "E sucedeu que no dia em que Elcana sacrificava, dava ele porções a Penina, sua mulher, e a todos os seus filhos, e a todas as suas filhas. Porém a Ana dava uma parte excelente; porque amava a Ana, embora o Senhor lhe tivesse cerrado a madre. E a sua rival excessivamente a provocava, para a irritar; porque o Senhor lhe tinha cerrado a madre. E assim fazia ele de ano em ano. Sempre que Ana subia à casa do Senhor, a outra a irritava; por isso chorava, e não comia". 1 Samuel 1:4-7.

Ana sofria e era humilhada por Penina pelo fato de não dar filhos a Elcana. Mas Ana não ficou parada, ela teve uma atitude de fé. Ana fez uma oração ao Senhor e um voto prometendo que seu filho serviria ao Senhor se Deus concedesse o seu pedido. Ana entendeu que se o Senhor lhe concedesse um filho através de um milagre, não só ela, mas essa criança seria importante para Deus e teria um propósito ainda maior do que o dela.

Preste atenção no que eu vou te contar: é possível que o propósito de muitas mulheres seja gerar uma pessoa que será grande diante de Deus, não se culpe se sentir que seu caminho é ser mãe, porque a profissão "mãe" é a maior de todas as profissões. Ana é um exemplo disso, pois Samuel foi grande diante de Deus, foi um profeta usado pelo Senhor desde a infância e o seu papel junto ao povo foi primordial para aumentar a fé de muitas pessoas. Samuel é tido como um dos maiores profetas de todos os tempos. Ana também foi uma mulher de grande coragem porque ela entregou seu filho para o profeta Eli criar e ensinar os caminhos de Deus, ela visitava o filho uma vez ao ano e nessa visita lhe levava uma roupa nova. Você consegue visualizar como esta mãe sentiu-se ao entregar o filho ainda bebê para Eli? Um filho tão esperado e tão amado, um sonho em forma de bebê. Isso é uma vida com propósito, porque Ana sabia quem seria seu filho, ela sabia que assim ele cumpriria o seu papel, e ela foi uma colaboradora do cumprimento da missão de Samuel, ela foi a geradora de um grande profeta, o qual ungiu o Rei Davi e será lembrado eternamente.

Ana não ousou duvidar de Deus e muito menos desistiu de cumprir o voto que fez ao Senhor. Na velhice, ela deve ter sentado em uma cadeira, olhado para o céu e pensado: eu consegui! Cumpri minha missão nesta terra, corri a minha carreira e guardei a fé. "Posteriormente ao nascimento de Samuel, Ana se tornou mãe de mais cinco filhos, sendo três homens e duas mulheres." 1Sm 2:21.

A palavra ainda fala que Ana gerou outros filhos após Samuel, ela teve a dádiva de gerar e cuidar de seus filhos e teve a sabedoria de cumprir o seu propósito nesta terra.

O propósito de Deus para sua vida

O que você aprendeu com Ana?

Carolina de Quadros

PRISCILA, A PRIMEIRA A EXERCER MINISTÉRIO NA IGREJA PRIMITIVA

Priscila foi a primeira mulher a pregar o evangelho verdadeiramente a todas as pessoas, mesmo que isso pudesse lhe custar a vida. Ela e seu marido, Áquila, foram deportados de Roma junto com outros judeus e certamente ela conheceu todas as dificuldades a que uma seguidora de Cristo naquela época estava exposta. Após a ressureição de Jesus, o fogo da ira se acendeu entre os romanos, bem como os judeus religiosos que foram os responsáveis pela sua morte. Acontece que ninguém conseguiu esconder o que aconteceu, porque tiveram testemunhas oculares da ascensão de Jesus ao céu. Os discípulos, antes homens limitados e fracos, tornaram-se cristãos destemidos e não mediram esforços para levar Jesus ao maior número de pessoas possível. Para falar sobre Priscila vou usar o exemplo de Pedro. Após ter visto tantas curas, tantos milagres e coisas extraordinárias que Jesus fez diante dos olhos de Pedro, ainda assim, ele negou conhecer Jesus na hora da prisão do Salvador e teve medo, mas, após a ascensão de Jesus, Pedro foi tomado por uma força tão sobrenatural que levou o evangelho a milhares, com ousadia e sabedoria.

Medo? Pedro não conheceu mais essa palavra após ver Jesus subir ao céu. É dessa forma que quero apresentar Priscila, ela foi uma mulher corajosa que pregava a palavra de Deus e as boas-novas do evangelho a tantos quanto pudesse. Ela e o marido eram fabricantes de tendas, e muitas destas tendas se transformaram em igrejas, onde ela corajosamente anunciou Cristo aos povos. Priscila foi instruída por Paulo, aquele que, segundo a bíblia e pesquisas históricas, foi o maior pregador do evangelho de todos os tempos.

Priscila é o maior exemplo de que se nossa missão for a liderança, não há o que temer.

Normalmente, vemos a liderança como algo inatingível, mas o fato é que a liderança dá medo. Priscila nos ensina que, se a liderança está em nós, ela vai brotar, ela vai crescer, porque não há nada que Deus não molde e não ajuste conforme à sua vontade. Não olhe para a liderança como algo que somente raras pessoas podem alcançar.

Deus se deleita em usar pessoas comuns para realizar coisas extraordinárias.

O que você aprendeu com Priscila?

_____
_____
_____
_____
_____
_____
_____
_____
_____
_____
_____
_____

CAROLINA QUADROS, AUTORA DESTA OBRA E UMA DAS FUNDADORAS DO MOVIMENTO MULHERES COM PROPÓSITO.

Fui uma criança ativa e feliz. Aos 4 anos aprendi a ler enquanto minha mãe ensinava meu primo que estava com dificuldades na escola e desde então não parei mais de ler. Estudei em uma escola simples no interior, a qual não tinha biblioteca, então montei uma pequena biblioteca com meus livros infantis e eu mesma atuava ali, inclusive cobrando com afinco a devolução dos livros após o prazo de leitura. Eu sempre dizia que meu sonho era ser escritora e por isso sempre li muito, porque sei que a base de uma boa escrita é uma leitura constante. Gosto da nossa língua e acredito no poder das palavras, no entanto me formei em Ciências Biológicas e atuei na área ambiental por muitos anos, deixando meu sonho adormecido. A área ambiental me ajudou a desenvolver a oratória através de projetos de educação ambiental, o que também me fascina imensamente, mas confesso: eu não estava realizada. Tenho dentro de mim uma forte sensação que me leva à necessidade de escrever e falar de Jesus, para isso que nasci.

Há cinco anos eu tive minhas primeiras experiências com Deus, não que eu não fosse religiosa, ah, eu era e muito, mas até então eu nunca havia tido experiências com Deus e posso dizer: eu não O conhecia pessoalmente como hoje conheço.

Antes da verdadeira conversão, sementes de Cristo foram plantadas em mim através do louvor que minha irmã em Cristo, Fabiana, me apresentou, algo que eu nunca havia ouvido com atenção. Mas o pontapé inicial da minha caminhada com Deus estava dado e, então, através da minha irmã, Luciana, iniciei estudos bíblicos em casa. Ela começou a frequentar um grupo de estudos bíblicos e me falou: "por que você não compra uma Bíblia de estudos para você estudar em casa a Palavra do Senhor?". Nesse momento a semente foi jogada em solo fértil, meu coração estava apto a receber Deus, de portas escancaradas, e na mesma semana eu encomendei da internet uma Bíblia de estudos para mulheres. Passei a acordar mais cedo para estudar a Palavra e milagrosamente minha vida teve uma mudança radical, em todos os sentidos. Eu fui envolvida pelo amor do Senhor como uma coberta que envolve alguém e protege do frio. Eu não parei mais de buscar Deus, eu queria encontrá-lo o mais breve possível, por isso eu O buscava de dia e à noite, em todo o tempo.

Mal sabia eu que o meu propósito de vida estava se abrindo diante de mim como uma janela que se abre para o sol.

Eu já li a Bíblia inteira mais de uma vez e ela sempre se renova, ela é viva, definitivamente. Ali encontrei conselhos para todas as áreas da minha vida e comecei a praticar tudo que eu podia da Palavra, eu quis avançar em Deus, não consegui conhecer a Palavra de Deus e permanecer igual eu era antes. Dizem que todo lugar é comum até Jesus passar por ele, e bem assim me sinto, eu era alguém comum como qualquer pessoa, hoje eu sou filha do Rei, e esse título me coloca em outra posição, não de soberba, mas de ter ciência de que sou diferente porque sou seguidora de Jesus. Compreendi que meu dom é a ciência, ou seja, a formação em ciências biológicas também não foi por acaso. Eu necessito aprender, tenho sede de conhecimento e tenho pressa em entender os desígnios de Deus, eu necessito da sabedoria que vem do Senhor para viver e ela me move, é meu combustível para prosseguir e meu remédio para as dores da alma. Entendo que uma pessoa sábia é aquela que some quando Deus aparece e me sinto bem assim.

Que Cristo seja visto em mim e através de mim; que Ele cresça e eu diminua. "É necessário que Ele cresça e que eu diminua". João 3:30.

Até que conhecer a Palavra e amar a Deus sobre todas as coisas me empurrou para outro nível, eu decidi trabalhar para Deus, eu quis isso e pedi isso e Deus me atendeu me dando o Movimento Mulheres com Propósito, como já citei anteriormente. Eu quis que esse Movimento fosse para Cristo, e não rotulado como um Movimento religioso, porque a religião pode aprisionar, Jesus liberta. E na sequência foram incluídas mulheres em um grupo de WhatsApp e foram criadas redes sociais para ele, as quais passei a alimentar diariamente com a Palavra do Senhor, vídeos e orações, bem como eu e Fabiana passamos a prestar aconselhamento espiritual às mulheres do grupo. O que percebi é que muitas mulheres estão cansadas, sobrecarregadas de suas vidas, sem rumo e sem direção, e tudo que aprendi com Deus eu quis passar a elas, ajudá-las a encontrar sentido e propósito para suas vidas. Obviamente, o poder de convencimento do conhecimento de Deus não vem de mim, só o Espírito Santo pode convencer alguém a conhecer Jesus e se relacionar com Ele. Mas o fato de eu, um dia, ter sido levada a um mergulho mais profundo em Deus me motiva a oferecer a outras pessoas essa possibilidade, de conhecer o Senhor verdadeiramente.

Continuarei levando Jesus a quantas mulheres eu puder, todos os dias da minha vida até que minha carreira acabe nesta jornada barulhenta chamada vida. Meu passado não foi fácil, como tantas outras pessoas também tive minhas lutas, mas quis buscar minha missão para um futuro extraordinário. A inquietude me acompanhou, não me deixou descansar até que eu retomei os meus sonhos e decidi viver os sonhos de Deus para minha vida.

E seja o que Deus quiser!

Se o meu testemunho te ensinou algo, escreva abaixo.

_____
_____
_____
_____
_____
_____
_____
_____
_____
_____
_____
_____
_____
_____
_____

CAPÍTULO 12

Vivendo uma vida com Deus de propósito

Para viver uma vida com Deus e com propósito segundo o coração de Deus, em primeiro lugar você deve se encontrar. O propósito está dentro, sempre esteve. Quando olhar para dentro de si vai enxergar a chama que sempre esteve ali, acesa em labaredas ou uma pequena brasa de fogo argueiro, mas ali. Demorar a encontrar é normal porque a maquiagem humana esconde. O fato é que o ser humano quer esconder as imperfeições atrás de uma linda maquiagem de pessoa perfeita que não existe. Ao encontrar o verdadeiro *eu* e mesmo assim entender que Deus ama você como você é e perdoa de verdade, aí sim você estará pronto para viver o propósito dos sonhos de Deus.

Em função disso, a primeira coisa que você deve fazer ao chegar neste passo da leitura é: encontrar-se consigo mesmo sem maquiagem. Poucos fazem isso, por isso não desista na primeira tentativa, tente outras vezes até conseguir, porque isso vai te libertar verdadeiramente. "E conhecereis a verdade, e a verdade vos libertará". João 8:32.

Veja você, olhe para você, analise aquilo que ninguém vê e ninguém sabe sobre você. Tire a maquiagem de perfeição e abrace você com as duas mãos. Olhe para o seu rosto, observe seus olhos com amor. Reveja aquela criança que um dia foi e abrace-a bem forte demoradamente. Peça perdão a ela por ter pensado em desistir dos seus sonhos, peça perdão por não cultivar as flores que ela plantou em seu coração na infância e hoje, adulto, você estava esquecendo de regar. Regue agora com lágrimas de amor e ternura. Sinta-se! És alguém especial, Deus o ama muito e espera que você desfrute da vida com amor. Se na sua jornada houve erros, perdoe-se, recomece. Não desista de si mesmo porque um dia alguém disse que não era capaz. Você é o que Deus diz que você é! Você é alguém que nasceu para fazer a diferença. Profetize sobre a sua vida, sobre o seu futuro. Diga para essa criança que está dentro de você que a partir de hoje tudo será diferente, haverá resgate de sonhos, haverá banhos de chuva, haverá admiração, haverá risos infinitos e saltos muito altos. Creia! Assim será!

Jesus, quando veio ao mundo, veio para libertar o ser humano, mas a maior revolução que Ele fez foi dentro das pessoas, e não fora. Jesus não foi político, Ele não foi mediador entre homens, muito menos religioso. Jesus foi e sempre será transformador de vidas, de almas, de corações e mentes. Jesus é o único que fez isso, ninguém fez tanto pela vida humana como Ele. Somente o filho de Deus poderia ter tamanha inteligência e sensibilidade de transformar com um toque, de mudar uma situação de uma vida de sofrimento com uma palavra. Nenhum ser humano na face da Terra pode explicar Deus, essa é a verdade, mas Deus sabe exatamente como curar o ser humano de todas as dores.

Lembrete: se necessário for, recomece tudo! Limpe a casa, mude as coisas de lugar, arrede os móveis, tire as teias de aranha, refaça, reinicie! Isso é sobre você! Você é a casa de Deus, morada do Espírito Santo! Você é templo, é altar, é luz!

A letra do louvor a seguir apresenta alguém que entendeu que uma verdadeira transformação só ocorre de dentro pra fora com a ação de Deus, ela ajudará você a se encontrar.

Desejo um encontro fabuloso!

PRA TODO SEMPRE
Leandro Borges

Eu posso ter tudo, posso ter o mundo
Mas sem você, serei sempre só
Posso ter amigos e um lindo romance
Mas nada é capaz de ocupar teu lugar
Jesus, eu preciso da tua companhia
A casa perde a graça sem a tua alegria
Seja bem-vindo, Jesus, bom dia!

Arrume a sala, pinte as paredes
E pode escolher qual a cor preferir
Troque a mobília, faz do teu jeito
E o que não te agradar pode substituir
A casa é tua, fique à vontade
E pode morar aqui pra todo sempre
Tem um espaço, que é do teu tamanho
Só tua presença este vazio preenche
Meu coração eu te dou de presente

O propósito de Deus para sua vida

Só você não sabia, mas eu já queria
Conviver com você todos os dias
E agora que sei, que aqui sou bem recebido
Sei que seremos melhores amigos
Estarei sempre aqui, não estás mais sozinha
Te fazer feliz é a minha alegria
Me sinto tão bem aqui
Vai ser um lindo dia!

Vou arrumar tua sala, pintar as paredes
E pode deixar que eu vou caprichar
Vou trocar a mobília, somente confia
Sei muito bem do que você vai gostar
A casa é tua
Estou à vontade
Estaremos juntos pra todo sempre
É tão engraçado como você me entende
É que te conheço antes que você nascesse
Nossa amizade será pra todo sempre

SEJA LIVRE! SEJA FELIZ! VIVA DE VERDADE!

Para ter um encontro consigo mesmo(a), sugiro a você escrever uma carta de próprio punho para você mesmo(a). Escreva nessa carta como você se vê, quais são suas dores, seus medos e incertezas e também reconheça seus valores e suas qualidades. Tire a maquiagem antes porque essa carta é para você somente, é um exercício de autoconhecimento que vai te ajudar a superar traumas, vencer medos e superar obstáculos. Lembre-se: não vale mentir. "Se, pois, o Filho vos libertar, verdadeiramente sereis livres". João 8:36.

Carta para _____
(seu nome completo)

CAPÍTULO 13
Orações com propósito

AS orações, feitas com propósito, têm poder imensurável diante de Deus! Use os exemplos a seguir para iniciar sua vida com propósito e se beneficie deles para aprender a criar suas próprias orações.

Escreva orações para aquilo que você deseja, para seus familiares, para ajuda de Deus em todas as áreas da sua vida e certamente verá os resultados saltarem na sua frente como surpresas agradáveis e maravilhosas! "Tudo é possível ao que crê!" Marcos 9:23.

ORAÇÃO RECONHECENDO O PODER DAS PALAVRAS

Senhor Deus, meu Pai! Estou aqui por amor e obediência ao Seu Santo Nome! És digno de louvor, honra e glória, hoje e eternamente!

Pai, Te agradeço pela vida, Te agradeço pelo dia que começa e me comprometo a fazer o meu melhor nesta nova oportunidade de viver para a Tua glória.

Senhor, ajude-me a guardar a língua e vigiar as minhas palavras para não murmurar ao longo do meu dia. Sei que a reclamação não Te agrada, meu Pai, a reclamação não abençoa ninguém e não resolve problemas. Ensina-me a ter um coração igual ao Teu e que isso reflita nas minhas palavras. Que eu possa bendizer e não maldizer e levar a Tua luz e o Teu amor a todos quantos eu encontrar.

Em nome de Jesus, amém!

ORAÇÃO PARA SER FRUTÍFERO(A) ONDE ESTIVER

Senhor Deus, meu Pai! Estou aqui por amor e obediência ao Seu Santo Nome! És digno de louvor, honra e glória, hoje e eternamente!

Graças Te dou, Senhor, por tudo, inclusive pelas pedras em meu caminho, que me obrigaram a amadurecer.

Pai, estou neste mundo para agregar valor. As pessoas que terão contato comigo se sentirão animadas, amadas e com esperança, porque estou aqui neste tempo e lugar para construir algo diferente, para fazer a diferença e para dar frutos. Independentemente do contexto, ser frutífero(a) é uma decisão, não abro mão disso. Não deixarei que as condições adversas me limitem, não deixarei de crer no Teu poder, Senhor, porque sei que tens poder para mudar qualquer situação. Eu decido viver com a mente de eternidade, mente de céu! Dessa forma, ao invés de odiar, eu decido amar e ser como Jesus e eu decido, com toda força do meu coração, dar frutos dignos de arrependimento e amor.

Em nome de Jesus, amém!

ORAÇÃO POR FORÇA

Senhor Deus, meu Pai! Estou aqui por amor e obediência ao Seu Santo Nome! És digno de louvor, honra e glória, hoje e eternamente!

Graças Te dou, Pai, porque levantei para um novo amanhecer e terei uma nova oportunidade de Te conhecer.

Levantarei de onde estou porque Sua força, Senhor, habita em mim. A posição de medo não me favorece em nada, me cansa e me desvia do que o Senhor planejou para mim. Eu posso ir além deste caos, porque, quando sou fraco, aí que sou forte. Permito-me ser curado(a) por Ti, Jesus. Não me rendo, sou valente, sou capaz. Vou brilhar porque é assim que o Senhor quer me ver, como a candeia colocada em cima da mesa. Surpreenda-me, Pai, com sua força!

Em nome de Jesus, amém!

ORAÇÃO POR TRANSFORMAÇÃO

Senhor Deus, meu Pai! Estou aqui por amor e obediência ao Seu Santo Nome! És digno de louvor, honra e glória, hoje e eternamente!

Graças Te dou porque hoje eu acordei e tenho pão na mesa!

Pai, Te peço que me ajude a melhorar. Que a mudança que eu desejo comece por mim. Nos dê um coração grato que perceba a importância das pequenas coisas, dos sorrisos e abraços. Nos ajude a eliminar de nossa vida o que nos prejudica e nos destrói, que eu possa perceber isso e me afastar do que é tóxico para mim. Tira de mim, Pai, todo sentimento de angústia e ansiedade e que eles sejam substituídos pela Sua paz, Jesus.

Dê-me ousadia no lugar de medo e coragem no lugar de desânimo.

Em nome de Jesus, amém!

ORAÇÃO POR ÂNIMO

Senhor Deus, meu Pai! Estou aqui por amor e obediência ao Seu Santo Nome! És digno de louvor, honra e glória, hoje e eternamente!

Pai, graças Te dou porque o Senhor me deu uma oportunidade de viver e Te louvar!

Senhor, olha para mim que estou desencorajada e sem forças para continuar. Muitas vezes não compreendo Teu agir e também não consigo sentir a Tua presença. Perdão, Pai! Me dê ânimo para ir ao Teu encontro, me faça ter fome e sede de Ti. Resgata-se o vigor. Sei que o Senhor me ama e se hoje estou abatida Te peço que o Senhor me resgate desse lugar e me ajude a ter ânimo novamente. Suas misericórdias são infinitas, Pai, e nisso coloco minha confiança.

Em nome de Jesus, amém!

ORAÇÃO DE GRATIDÃO

Senhor Deus, meu Pai! Estou aqui por amor e obediência ao Seu Santo Nome! És digno de louvor, honra e glória, hoje e eternamente!

Graças Te dou pelo ar que respiro, pelo fluir do Teu Espírito Santo em mim!

Sou grato(a), Pai, por tudo que o Senhor tem feito por mim. Que eu possa ser grato(a) todos os dias. Que eu substitua a reclamação pela gratidão. Peço, Pai, que minha mente seja ocupada pelo que vem de Ti, e não pelas coisas que o mundo me oferece, pois assim eu serei cheio(a) de amor e vida. Sei que o Senhor Se agrada em me presentear com coisas maravilhosas e eu recebo isso em nome de Jesus!

Em nome de Jesus, amém!

ORAÇÃO POR CAPACITAÇÃO DO CÉU

Senhor Deus, meu Pai! Estou aqui por amor e obediência ao Seu Santo Nome! És digno de louvor, honra e glória, hoje e eternamente!

A Tua maravilhosa graça me alcançou neste dia e por isso sou grata! Não sou merecedora de Tua graça, Pai, mas mesmo assim fui alcançada por ela.

Peço, Senhor, que me ensine a orar; me capacite a Te buscar em espírito e em verdade todos os dias da minha vida. Transforma-me, Jesus, e me faça cada dia mais parecido(a) contigo. Que minha mente seja completamente transformada a ponto de receber a capacitação que vem de Ti, Senhor, que vem do céu. Dá-me sabedoria para reconhecer o que é certo, mesmo que o mundo diga o contrário, porque sei que o Senhor capacita os escolhidos e eu reconheço que sou escolhida para fazer a diferença neste tempo e lugar.

Em nome de Jesus, amém!

ORAÇÃO PELO DOM ESPIRITUAL

Senhor Deus, meu Pai! Estou aqui por amor e obediência ao Seu Santo Nome! És digno de louvor, honra e glória, hoje e eternamente!

Graças Te dou, Senhor, porque o Senhor é bom e Sua benignidade dura para sempre!

Pai, ajuda-me a reconhecer meu dom espiritual e, reconhecendo-o, me ajude a usá-lo para a honra e para a glória do Seu nome, Senhor!

Que eu possa ser bênção na vida das pessoas e que eu seja reconhecida como a candeia que é colocada em cima da mesa para que os que entrem vejam a luz. Que o dom espiritual, com o qual fui presenteada por Ti, Senhor, flua, flua a ponto de banhar a todos os que se aproximarem de mim.

Em nome de Jesus que assim seja!

ORAÇÃO PELO CUMPRIMENTO DOS PLANOS DE DEUS

Senhor Deus, meu Pai! Estou aqui por amor e obediência ao Seu Santo Nome! És digno de louvor, honra e glória, hoje e eternamente!

Graças Te dou, Senhor, porque o Senhor é bom e Sua benignidade dura para sempre!

Creio, Pai, que os Teus planos jamais serão frustrados e confio que os Teus planos, Senhor, são muito maiores e melhores que os meus. Creio no Teu poder para libertar, restaurar e curar em qualquer situação e por isso Te peço: cumpra os Teus planos em minha vida, Pai! Se os meus planos forem diferentes dos Teus, que a Sua vontade soberana seja feita, hoje e sempre!

Em nome de Jesus, amém!

ORAÇÃO PARA DIAS DIFÍCEIS

Senhor Deus, meu Pai! Estou aqui por amor e obediência ao Seu Santo Nome! És digno de louvor, honra e glória, hoje e eternamente!

Graças Te dou, Senhor, porque o Senhor é bom e Sua benignidade dura para sempre!

Sabe, Jesus, hoje eu tive um dia difícil e vim aqui conversar contigo sobre isso. A primeira coisa que quero fazer é Te agradecer, porque, se não fossem os dias difíceis, eu não veria o Seu poder em minha vida. Sei também que dias difíceis me fazem crescer e por isso sou grato(a). Se não fossem as adversidades, eu não vibraria tanto quando, com Tua ajuda, Jesus, supero cada dificuldade.

As dificuldades nos preparam para destinos extraordinários e é assim que vou vencer! Superando as dificuldades contigo, Jesus!

Não sou merecedor(a) da Sua graça, Senhor, mas ela não é proveniente de merecimento, ela é tão grande e me alcançou porque Sua misericórdia não tem fim.

Em nome de Jesus, amém!

ORAÇÃO DE CONCORDÂNCIA

Senhor Deus, meu Pai! Estou aqui por amor e obediência ao Seu Santo Nome! És digno de louvor, honra e glória, hoje e eternamente!

Graças Te dou, Senhor, porque o Senhor é bom e Sua benignidade dura para sempre!

Peço perdão, Senhor, se no dia de hoje eu Te deixei triste, sinto muito, Pai! Se eu me desviei da Sua rota para mim eu quero voltar ao caminho, leve-me de volta, Senhor! Eu entro em concordância com os Seus planos para mim! Se a minha vontade for diferente da Sua, que a Sua vontade prevaleça. Eu recebo a Tua vontade em todas as áreas da minha vida porque sei que os Seus sonhos são maiores que os meus. Se o Senhor precisar me quebrar para refazer um novo vaso, eu aceito, eu confio, eu recebo uma nova vida moldada pela Sua mão, meu Pai.

Em nome de Jesus, amém!

ORAÇÃO PARA SER ÚTIL A DEUS

Senhor Deus, meu Pai! Estou aqui por amor e obediência ao Seu Santo Nome! És digno de louvor, honra e glória, hoje e eternamente!

Graças Te dou Senhor porque o Senhor é bom e Sua benignidade dura para sempre!

Declaro que as coisas deste mundo não são nada diante de Ti, Senhor. Tudo aqui é passageiro e diante disso meu foco é a eternidade. Quero ser útil a Ti, meu Pai. Quero que minha vida reflita o Teu amor, Jesus. Eu quero Te servir!

Quando o mal tentar me alcançar, em Ti vou confiar! Quando o homem disser que é impossível, em Ti vou confiar! Eu vou ser útil a Ti, Senhor, porque essa é a minha escolha e a glória será Tua!

Eu guardo o meu coração em Ti, Deus, e declaro que sou útil a Ti!

Em nome de Jesus, amém!

ORAÇÃO POR CORAGEM

Senhor Deus, meu Pai! Estou aqui por amor e obediência ao Seu Santo Nome! És digno de louvor, honra e glória, hoje e eternamente!

Graças Te dou, Senhor, porque o Senhor é bom e Sua benignidade dura para sempre! "Mas eu, quando estiver com medo, confiarei em ti". Salmos 56:3.

Eu Te peço, meu Pai, dá-me coragem! Encha-me de coragem e força, porque por mim mesma sou fraca e pecadora, mas em Ti sou forte e corajosa! Eu recebo a capacitação que vem de Ti! Eu recebo a coragem do céu! Não há o que temer, pois Tu, Senhor, estás comigo e o Teu cajado de Pastor me direciona pelo caminho certo! Sem Ti não há vida, e eu escolho Jesus! Escolho ser serva de Cristo e a coragem que teve Josué eu recebo das mãos do Senhor!

Em nome de Jesus, amém!

ORAÇÃO POR CURA

Senhor Deus, meu Pai! Estou aqui por amor e obediência ao Seu Santo Nome! És digno de louvor, honra e glória, hoje e eternamente!

Graças Te dou, Senhor, porque o Senhor é bom e Sua benignidade dura para sempre!

Pai, eu necessito de cura e eu sei que a cura é um processo que tem início, meio e fim. Eu aceito a cura, aceito o processo e aceito a vida pós-cura que me trará novas responsabilidades.

> "E Jesus, falando, disse-lhe: Que queres que te faça? E o cego lhe disse: Mestre, que eu tenha vista. E Jesus lhe disse: Vai, a tua fé te salvou. E logo viu, e seguiu a Jesus pelo caminho". Marcos 10:51-52.

Quero, como esse cego, aceitar a nova vida após a cura, Senhor. Não quero viver a mesma vida, quero uma vida nova, uma vida completa. Desejo ser a nova criatura, pois deixarei a velha vida de doença, cansaço e desânimo para trás completamente.

Em nome de Jesus, amém!

ORAÇÃO POR OBEDIÊNCIA

Senhor Deus, meu Pai! Estou aqui por amor e obediência ao Seu Santo Nome! És digno de louvor, honra e glória, hoje e eternamente!

Graças Te dou, Senhor, porque o Senhor é bom e Sua benignidade dura para sempre!

Pai, eu reconheço o poder da obediência e reconheço que ela é importante para Ti. Ajuda-me a ser obediente! Peço Sua ajuda porque todas as vezes que não fui obediente eu andei por caminhos tortuosos e precisei voltar a Ti através de muito sofrimento. Eu não quero mais isso, eu quero ser obediente! Vou Te obedecer e seguir o caminho reto que o Senhor criou para minha jornada. Vou ser obediente em oração e em jejum, vou vencer a preguiça espiritual! Não quero ser um(a) filho(a) desobediente, uma criança que não Te ouve, meu, Pai, eu quero Te ouvir e Te obedecer.

Eu sei que neste mundo terei aflições, mas também sei que, se eu for obediente a Ti, meu Pai, nestas aflições eu crescerei. Se eu Te obedecer, beberei da fonte de água viva que jamais se esgotará, a vida eterna!

Em nome de Jesus, amém!

ORAÇÃO POR LIBERTAÇÃO

Senhor Deus, meu Pai! Estou aqui por amor e obediência ao Seu Santo Nome! És digno de louvor, honra e glória, hoje e eternamente!

Graças Te dou, Senhor, porque o Senhor é bom e Sua benignidade dura para sempre!

> "O ESPÍRITO DO Senhor Deus está sobre Mim, porque o Senhor Me escolheu para levar as boas notícias de salvação aos desanimados e aflitos. Ele Me mandou consolar os que têm o coração partido, anunciar liberdade aos presos e dar vista aos cegos." Isaías 61:1.

O Senhor anunciou a liberdade! Liberta-nos, Pai, de toda opressão, de toda maldade, liberta-nos do mal! Pelo poder que há no nome de Jesus o inferno treme e teme! Em nome de Jesus estou livre do mal! As algemas que me aprisionavam acabaram de cair ao chão, estou livre! Minha luta não é contra as pessoas, e sim contra os principados, contra as potestades, as hostes da maldade e das trevas e eu me levanto com autoridade no reino espiritual, me levanto para a libertação total de todo o mal em nome de Jesus! "E aqueles que crerem utilizarão minha autoridade para expulsar demônios, e falarão novas línguas". Marcos 16:17.

Creio, Pai! Ajude a minha pequena fé!
Em nome de Jesus, amém!

ORAÇÃO DE INTERCESSÃO

Senhor Deus, meu Pai! Estou aqui por amor e obediência ao Seu Santo Nome! És digno de louvor, honra e glória, hoje e eternamente!

Graças Te dou, Senhor, porque o Senhor é bom e Sua benignidade dura para sempre!

Eu venho a Ti, Senhor, para interceder por (diga o nome da pessoa ou causa em voz alta) porque eu sei que quando eu entrego algo em Tuas mãos, a peleja é Sua! É o Senhor quem luta por mim e nisso tenho plena confiança! Então diante do Teu Santo Espírito eu Te entrego essa situação, eu intercedo por (diga o nome da pessoa ou causa pela qual está intercedendo) junto a Ti, sabendo que a partir de agora o Senhor assume o controle, meu Pai e meu advogado fiel. "E logo o pai do menino, clamando, com lágrimas, disse: Eu creio, Senhor! ajuda a minha incredulidade". Marcos 9:24.

Assim como esse pai, Senhor, eu clamo: ajude a minha pequena fé! Eu creio! Creio, sim!

Em nome de Jesus, amém!

ORAÇÃO POR DOMÍNIO PRÓPRIO

Senhor Deus, meu Pai! Estou aqui por amor e obediência ao Seu Santo Nome! És digno de louvor, honra e glória, hoje e eternamente!

Graças Te dou, Senhor, porque o Senhor é bom e Sua benignidade dura para sempre!

Como Tua palavra diz, Senhor, o domínio próprio é algo pelo qual devemos lutar todos os dias, porque devemos viver pelo espírito, e não pela carne. A carne quer comer, quer descansar, quer se fartar de todas as coisas que são agradáveis a ela, mas o espírito milita contra a carne e nele devemos permanecer para Te agradar, Pai!

> "Quem é dominado pela carne não pode agradar a Deus. Entretanto, vocês não estão sob o domínio da carne, mas do Espírito, se de fato o Espírito de Deus habita em vocês. E, se alguém não tem o Espírito de Cristo, não pertence a Cristo". Romanos 8:8-9.

Não sou dependente da carne. Não vivo pela carne, declaro que eu tenho domínio sobre o meu corpo porque é assim que Deus deseja que eu viva. Eu vivo pelo espírito.

Meu Deus, ajuda-me a ser forte, porque quero ser dependente somente de Ti.

Em nome de Jesus, amém!

ORAÇÃO POR FINANÇAS

Senhor Deus, meu Pai! Estou aqui por amor e obediência ao Seu Santo Nome! És digno de louvor, honra e glória, hoje e eternamente!

Graças Te dou, Senhor, porque o Senhor é bom e Sua benignidade dura para sempre!

Pai, eu quero Te entregar a minha vida financeira. Até aqui eu fiz tudo do meu jeito e as coisas não estão como eu planejei, portanto, está entregue a Ti, Deus! Mostre-me onde eu errei e ensina-me a ser prudente com o dinheiro. Ensina-me a não gastar mais do que posso e também não permita que eu seja avarento(a).

> "Aquele que supre a semente ao que semeia e o pão ao que come também lhes suprirá e multiplicará a semente e fará crescer os frutos da sua justiça". 2 Coríntios 9:10.

Eu quero usar o dinheiro como semente em minha vida. Eu quero que o dinheiro seja uma semente de alegria, eu quero ajudar e não ser ajudada. Use a minha vida, Pai, para ser canal de bênçãos junto aos necessitados. Eu Te peço, meu Pai, não permita que eu obtenha dívidas, que eu tenha vícios que corrompam minhas finanças ou que eu não saiba usar o que o Senhor me deu com inteligência. Pois é o Senhor quem dá a provisão. Sei que é o Senhor quem abre as portas e devo descansar quanto a isso. Mas também sei que a minha parte sou eu quem precisa fazer, então me esforçarei para Te honrar em minha vida financeira, Pai!

Em nome de Jesus, amém!

ORAÇÃO POR RELACIONAMENTOS

Senhor Deus, meu Pai! Estou aqui por amor e obediência ao Seu Santo Nome! És digno de louvor, honra e glória, hoje e eternamente!

Graças Te dou, Senhor, porque o Senhor é bom e Sua benignidade dura para sempre!

Meu Pai, eu como Tua filha venho a Ti, no secreto, para conversar sobre minha vida sentimental. O Senhor conhece segredos que ninguém sabe sobre mim e entende meu íntimo e minhas emoções mais profundas. Senhor, me ajude a encontrar equilíbrio nesta área, me ajude a aprender a servir, para ser bem-tratado(a), a ouvir para ser ouvido(a), a calar quando não devo falar e me ajude a amar, quando eu penso que não sou capaz. A Tua palavra é clara, ela diz que o amor é o maior remédio para as dores, então que eu seja medicado(a) de amor todos os dias. E também me ensine a perdoar, Pai, porque o perdão liberta a mim. Que eu seja sábio(a) em minha vida sentimental, que eu não aceite ser maltratado(a), porque eu sou o(a) filho(a) do Rei!

> "Ainda que eu fale as línguas dos homens e dos anjos, se não tiver amor, serei como o sino que ressoa ou como o prato que retine. Ainda que eu tenha o dom de profecia e saiba todos os mistérios e todo o conhecimento, e tenha uma fé capaz de mover montanhas, mas não tiver amor, nada serei. Ainda que eu dê aos pobres tudo o que possuo e entregue o meu corpo para ser queimado, mas não tiver amor, nada disso me valerá. O amor é paciente, o amor é bondoso. Não inveja, não se vangloria, não se orgulha.

Não maltrata, não procura seus interesses, não se ira facilmente, não guarda rancor. O amor não se alegra com a injustiça, mas se alegra com a verdade. Tudo sofre, tudo crê, tudo espera, tudo suporta. O amor nunca perece; mas as profecias desaparecerão, as línguas cessarão, o conhecimento passará. Pois em parte conhecemos e em parte profetizamos; quando, porém, vier o que é perfeito, o que é imperfeito desaparecerá. Quando eu era menino, falava como menino, pensava como menino e raciocinava como menino. Quando me tornei homem, deixei para trás as coisas de menino. Agora, pois, vemos apenas um reflexo obscuro, como em espelho; mas, então, veremos face a face. Agora conheço em parte; então, conhecerei plenamente, da mesma forma como sou plenamente conhecido. Assim, permanecem agora estes três: a fé, a esperança e o amor. O maior deles, porém, é o amor". 1 Coríntios 13:1-13.

Que minha vida seja um reflexo do Teu amor, Senhor! Em nome de Jesus, amém!

ORAÇÃO PELA FAMÍLIA

Senhor Deus, meu Pai! Estou aqui por amor e obediência ao Seu Santo Nome! És digno de louvor, honra e glória, hoje e eternamente!

Graças Te dou, Senhor, porque o Senhor é bom e Sua benignidade dura para sempre!

Assim como Josué declarou, Senhor, eu declaro neste momento: "Mas eu e a minha família serviremos ao Senhor". Josué 24:15.

Somos projeto Teu, Pai, e por isso creio na salvação de minha família! Creio no Teu poder para resgatar e salvar todos os membros de minha família.

Em nome de Jesus, amém!

CONCLUSÃO

Ao vivermos uma vida com propósito, tudo faz sentido, inclusive as lutas e batalhas pelas quais passamos. Nada é em vão porque Deus não trabalha assim, Ele trabalha com propósitos específicos, em todas as coisas, e esta leitura tem o objetivo de te ajudar a encontrar o seu. Se após ler este livro, você realmente buscar saber o motivo pelo qual Deus te criou, certamente tudo valeu a pena! Há milhares de vidas que não sabem sua missão, que sobrevivem sem expectativa e sem esperança. Você sabe o valor de uma vida?

**O valor de uma alma para Deus representa cada gota do sangue de Jesus na cruz.
O valor de uma alma para cada ser humano deveria ser o tempo que ainda resta para buscar a Deus e encontrá-lo.
Deyverson Trindade Pantoja**

Jesus morreu pela sua vida e você vai viver inutilmente? Vai sobreviver esperando o tempo passar? Jesus morreu na cruz e ressuscitou para que você tenha vida em abundância, não é sobrevida. Uma vida com propósito é uma vida vibrante, uma vida que se destaca e, acima de tudo, uma vida feliz. Quando uma pessoa está exatamente no lugar em que deveria estar, ela está em paz, está realizada e ela flui. Encha-se de Deus e verá o agir Dele em cada detalhe da sua vida. Escreva a vida que você deseja, não espere acontecer. O impossível Deus fará por você, mas o possível é a sua parte. Mediante o seu esforço, o seu propósito chegará até você.

Aprimore sua visão da vida, do mundo e das pessoas. Aproxime-se de Deus a ponto de se tornarem amigos íntimos e sua vida jamais será a mesma.

Garanto que sem Deus não há felicidade, porque Ele colocou no coração do homem o desejo profundo pela eternidade; contudo, o ser humano não consegue perceber completamente o que Deus realizou. Eclesiastes 3:11.

A vida vazia que muitos relatam é exatamente o reflexo da pessoa que tenta fugir do plano inicial para a sua vida, do projeto de Deus, esse desejo pela eternidade que instiga, que mexe com os sentimentos, é Deus te dizendo: filho(a), venha até Mim, beba desta água e jamais terá sede novamente.

Não fuja dos planos de Deus.

REFERÊNCIAS

A BÍBLIA DA MULHER: leitura, devocional, estudo. 2. ed. Barueri, SP: Sociedade Bíblica do Brasil, 2010.
BÍBLIA SAGRADA. 3. ed. Barueri. Sociedade Bíblica do Brasil, 2018.
BÍBLIA SAGRADA. *Nova versão internacional*. 1. ed. Rio de Janeiro: Thomas Nelson Brasil, 2017.
BRUNET, Tiago. *Descubra o seu destino*. 1. ed. São Paulo: Editora Planeta, 2018.
CUNNINGTON, Havilah. *Crescimento radical*: como alcançar uma vida de crescimento vibrante. 1. ed. Brasília: Editora Chara.
CURY, Augusto. *12 semanas para mudar uma vida*. 3. ed. São Paulo: Planeta, 2015.
CURY, Augusto. *O semeador de ideias*. 3. ed. São Paulo: Academia de Inteligência, 2010.
EDWARDS, Gene. *O romance divino*. 1. ed. São Paulo: Editora Vida, 2011.
MASTRAL, DANIEL, ISABELA. *Rastros do oculto*: da história à teologia do príncipe das trevas aos selados de Deus. Barueri: Ágape, 2014.
MASTRAL, DANIEL, ISABELA. *Voz do que clama no deserto*, volume I. Barueri: Ágape, 2014.
MEYER, Joyce. *A formação de um líder*: a essência de um líder segundo o coração de Deus. 3. ed. Belo Horizonte: Bello Publicações, 2016.
OKORO, Pedro. *Desmascarando as artimanhas do inimigo*. 1. ed. Rio de Janeiro: Graça, 2013.
SAINT EXUPÉRY, Antoine de. *O pequeno príncipe*. 52. ed. Rio de Janeiro: Nova Fronteira Editora, 2015.
TOZER A.W. *Em busca de Deus*: minha alma anseia por ti. 1. ed. São Paulo: Editora Vida, 2016.

grupo novo século

Compartilhando propósitos e conectando pessoas
Visite nosso site e fique por dentro dos nossos lançamentos:
www.novoseculo.com.br

Ágape

- Editora Ágape
- @agape_editora
- @editoraagape
- editoraagape

Edição: 2021
Tiragem:
Fonte: Garamond

agape.com.br